JOHANNES THIELE
Die Erotik Gottes

JOHANNES THIELE

Die Erotik Gottes

Menschen werden wir nur als Liebende

Kreuz Verlag

CIP-Titelaufnahme der Deutschen Bibliothek
Thiele, Johannes:
Die Erotik Gottes: Menschen werden wir nur als Liebende/
Johannes Thiele. – 1. Aufl. – Stuttgart: Kreuz-Verl., 1988
ISBN 3-7831-0916-7

1. Auflage
© 1988 by Dieter Breitsohl AG
Literarische Agentur Zürich
Alle deutschsprachigen Rechte beim
Kreuz Verlag Stuttgart
Umschlaggestaltung: HF Ottmann
Umschlagbild: »Ruth und Boas« von Ernst Alt
Gesamtherstellung: Clausen & Bosse, Leck
ISBN 3 7831 0916 7

Inhalt

Der Anfang ex amore

Der Mensch ist sich tief bewußt,
daß im Grunde seines Wesens ein Zwiespalt ist;
er sehnt sich, ihn zu überbrücken,
und irgend etwas sagt ihm, daß es die Liebe ist,
die ihn zur endgültigen Versöhnung führen kann.

RABINDRANATH TAGORE

Um Mitternacht begann es zu schneien. Es ist wahr, am besten sitzt man in der Küche, selbst wenn es die Küche der Schlaflosigkeit wäre. Dort ist es warm, du kochst dir was, trinkst Wein und schaust durchs Fenster in die vertraute Ewigkeit. Wozu dich quälen, ob Geburt und Tod nur Punkte sind, da doch das Leben keine Gerade ist? Wozu dich grämen mit einem Blick in den Kalender und sorgen, wie viel auf dem Spiel steht? Wozu gestehen, du hättest kein Geld, um Saskia Schuhe zu kaufen? Und wozu solltest du prahlen, du littest mehr als die anderen? Selbst wenn es auf Erden keine Stille gäbe, dies Schneien hat sie schon erträumt. Du bist allein. So wenig Gesten als möglich. Nichts zur Schau« (VLADIMÍR HOLAN).

Eine solche, eine ähnliche Situation war es, als ich anfing, dieses Buch zu schreiben. Ich hatte eine Einladung erhalten, Vorlesungen über das Thema Liebe zu halten, aber mir war nicht nach Liebe zumute. Die Nacht war undurchdringlich, ich saß im Licht einer kleinen Lampe vor meinem Schreibtisch, draußen hatte es zu schneien begonnen. Schlaflos wälzte ich zahllose verworrene Gedanken, wie ich trotzdem einiges zu Papier bringen könnte. Liebe – welches Thema wäre abgegriffener, nichtssagender, allessagender? Warum wie Sisyphos den alten Stein noch einmal den Berg hinaufrollen, um dann zusehen zu müssen, wie er wieder hinabrollt und im Geröll der Theorien und Thesen verschwindet?

Je länger ich nachdachte, um so weniger Illusionen machte ich mir darüber, daß es mir gelingen könnte, auch nur einen halbwegs originellen Gedanken aufzufangen. Beim Stöbern in Büchern und Aufzeichnungen fand ich einen Satz, an dem ich hängenblieb: »Wir sind der verirrte Vers eines Gedichts, der fühlt, daß er auf einen andern Vers reimt und diesen finden muß, um zu seiner Erfüllung zu gelangen. Dies Suchen nach dem noch nicht erreichten ist der große Antrieb im Menschen, der seine besten Schöpfungen hervorbringt. Der Mensch ist sich tief bewußt, daß im Grunde seines Wesens ein Zwiespalt ist; er sehnt sich, ihn zu überbrücken, und irgend etwas sagt ihm, daß es die Liebe ist, die ihn zur endgültigen Versöhnung führen kann« (RABINDRANATH TAGORE).

Suche nach Venus in einem mitternächtlich kalten Zimmer. Der verirrte Vers eines Gedichts – irgendwo fühlte ich, daß auch ich mich auf einen anderen Vers reimen und diesen finden müsse. Mir wurde langsam, ganz allmählich klar, daß ich mich auf die Suche nach *meiner* Sicht der Liebe machen müßte.

Mein Gott, was wird heute nicht alles unter »Liebe« abgehandelt – nur Gott nicht. Die Religion kommt in unserer Liebe nicht vor. Gott schweigt in unserem Wunsch nach Einswerden, in unseren symbiotischen Sehnsüchten, in der tiefinneren Einsamkeit und leise rinnenden Traurigkeit. Was hat Gott mit der Entdeckung zu tun, daß das Einswerden mit dem anderen oft nur eine trostlose Mechanik der Lust ist? Religion und Erotik werden nicht zusammengedacht und schon gar nicht zusammengelebt. Warum ist das so? Könnte nicht gerade die flache, blasse Rede von der Liebe Gottes zu den Menschen und der Menschen zu Gott an Kraft gewinnen, wenn es uns gelänge, ihre erotische, faszinierende, leidenschaftliche Gestalt zu begreifen und zum Ausdruck zu bringen? Wenn wir nur ihre beseelte Wirklichkeit, ihre innere Dimension, ihre beseligende Realität beschreiben könnten, ohne falsche Untertöne und beschwichtigende Gesten. Wenn nur die Vision zur Sprache käme, die unsere Gedanken zur Liebe, Sexualität und Religion trägt und bestimmt, die Erotik Gottes als »Seelengrund«, wie die Mystiker sagen.

»Aus dem Getöse der Autos, dem Schreien der Sirenen und dem Kurvenheulen der Bahnen steigt leise und fast unhörbar ein Gedanke in die Welt, der neu und alt zugleich ist: der nämlich, daß sich die Seele nicht töten läßt, daß sie denen spottet, die sie auf Flaschen ziehen wollen, sie registrieren wollen. Dies ist vielleicht eine seelenlose Zeit, aber es ist eine, die die Seele sucht« (Kurt Tucholsky).

Eine Zeit, die die Seele sucht. Ein Buch, das die Reise zur Erotik Gottes ohne feste Zielvorstellungen wagt, ohne garantierte Auskunft, risikoreich und – ja, auch – gefährlich. Nur ein paar Streifzüge durch einen noch unbekannten Kontinent. Das Thema wird mich aufs Glatteis führen, das weiß ich, sogar auf die flache See, über die ich wandeln muß, um überhaupt ein Ufer zu erreichen. Ich kann nicht gut schwimmen, ich habe Angst vor dem Ozean der Fragen und Ungewißheiten.

Ich beginne zu lesen. Die Theologie gibt nicht viel her, viel Spekulation, viel Dogmatisches, noch mehr Moral: Steine statt Brot. Nichts davon könnte mich auch nur einen Tag ernähren. Die Bibel ist ergiebiger, ich lese mich fest im Buch Ruth, im Hohenlied, beim Propheten Hosea und seiner unglücklichen Liebes- und Ehegeschichte. Überall ein erotisch fiebernder Gott, die Schöpfung »ex amore«, aus einer tiefen Beziehungssehnsucht. Die Gottesgeschichte als Liebesgeschichte inmitten einer an Schrecken und Gewalt überbordenden Welt. Tage- und nächtelang lese ich Texte mittelalterlicher Mystikerinnen. Mechthild von Magdeburg, Hadewijch von Antwerpen werden meine Freundinnen. Ich erstaune über ihre brennende Ungeduld, auch darüber, daß die Liebe zu Gott sie existentiell zutiefst gefährdet.

Ach, die Liebe. Ich verlasse das unfruchtbare Gelände nichtssagender Definitionen und unzulänglicher Begriffsbestimmungen. Und fange an zu träumen. Was wäre, wenn ich die eingefahrenen, coolen Vorstellungen unserer Tage einen Moment loslassen würde, einen Augenblick nur das wahrnehmen und anerkennen könnte, was Liebe ist jenseits unserer kleinen Münzen, mit denen wir sie zu kaufen suchen.

Was wäre Liebe dann? Die Eröffnung einer ganzen Welt, in der sich das Leben mit zärtlicher Aufmerksamkeit und lebendiger Faszination artikuliert, in der die erotische Dimension des Daseins leidenschaftlich zum Vorschein kommt. Liebe ist die Verbundenheit zwischen den beiden Schwestern Dunkelheit und Stille, die man nur im Garten der Nacht findet. Liebe ist, mit einer unbeirrbaren Sehnsucht Natürlichkeit und Unversehrtheit, ja Schönheit zu suchen mitten in den Erfahrungen des Kaputtseins, der Resignation, der alltäglichen Verrenkungen. Liebe ist das mächtige Gefühl, das Durchströmen eines Denkens, das stark genug ist, die ganze Fülle des Lebenden anzuerkennen. Liebe ist so etwas wie ein Amalgam aus Politik und Poesie, geschmolzen unter einem erotischen Blick. Liebe ist die Mühsal des Weges und das Glück der Ankunft. Liebe ist ein Sprechen über Wünsche sexueller Geborgenheit, über den Sturz in Beziehungen, bis sie haltlos werden, über den Verlust träumerischer Utopien, wenn sich zeigt, daß Tagträume nicht realitätstüchtig sind. Liebe ist die Sucht nach der Nähe einer Frau, ist *cold turkey*: Entzugserscheinungen, trostlose Nächte, Briefe ohne Antwort, die Sehnsucht nach der ersten, noch verzauberten Stunde, nach den Blicken voller Verheißungen, in denen eine ganze Welt lag. Liebe ist das Entdecken, daß alle Dinge um uns herum in ein erotisches Licht getaucht sind. Liebe ist die Furcht, eine Beziehung könnte nur ein kurzes Strohfeuer sein, aufflackernd, verglimmend und schließlich verlöschend. Liebe ist die stille, konzentrierte Gesammeltheit und Aufmerksamkeit – ein Bild der Schönheit. Gott, sagt die Bibel, ist die Liebe.

Ach, Mechthild, worauf habe ich mich eingelassen?

»Ich trinke in einer Winternacht, und plötzlich fällt mir auf, daß es ungewöhnlich kalt geworden ist. Ich stoße das Fenster auf und sehe Schneeflocken wirbeln, so groß wie eine Hand, und der Schnee liegt schon drei oder vier Zoll hoch. Ist das vielleicht nicht Glück?« (CHIN SHENGT'AN).

Diese schönen Augenblicke nachts, wenn alles Persönliche geringfügig und unbedeutend erscheint, aber man fühlt den Anfang eines Verses in sich, nach dem man sucht.

ERSTER TEIL

Religion und Erotik – ein wildes Paar

Versuche einer Annäherung

Ich möchte nah an deinem Herzen lauschen,
Mit deiner fernsten Nähe mich vertauschen,
Wenn goldverklärt in deinem Reich
Aus tausendseligem Licht
Alle die guten und die bösen Brunnen rauschen.

ELSE LASKER-SCHÜLER

Die sexuelle Anziehungskraft ist eine der elementarsten und ursprünglichsten Ausdrucksformen des Menschen. Sie ist einer der Lebensströme, aus denen die tiefen Kräfte zum Leben kommen. In der Sexualität stecken Schrecken und Kraft, Leidenschaft und Ruhe, Spannung und Hingabe des Lebens selbst. Die in der Sexualität liegende Erkenntnis- und Entwicklungsmöglichkeit gehört in das Reich des wirklichen Wissens um das Geheimnis des Lebens.

Wer es zuläßt, von der Elementarkraft des Erotischen getroffen zu werden, wer den Fluß erotischer Bilder in sich nicht verdrängt oder sich verbietet, wer trotz der spontan sich einstellenden Angst oder gerade wegen ihr die Signale des noch nicht gelebten und doch versprochenen Lebens aufzunehmen bereit ist, wer angesichts der Sehnsucht, die in ihm aufsteigt wie eine Welle, nicht mehr in alte moralische Ausreden zurückfallen will, wer sich öffnet und die in ihm nachhallende Stimme der uneingelösten wirklichen Möglichkeiten seines Lebens erkennt – der hat etwas von der Bedeutung der Erotik begriffen.

Die Sexualität ist wie die Religion eine Naturgewalt. Wenn wir sie bekämpfen oder bezwingen wollen, riskieren wir seelische Erdbeben oder Überflutungen – oder das langsame Sterben in der Wüste verdrängter Lebenswünsche. Liebe und Zärtlichkeit ohne Angst ist dagegen *eine* der Grundlagen zur künftigen unverbogenen Kultur ohne Lüge, zur Spiritualität ohne Scheinheiligkeit und zur psychischen wie sozialen Hygiene ohne Furcht und verkrümmenden Haß. Unsere Korrektur- und Befreiungsversuche werden allerdings so lange unwesentlich bleiben, wie wir unsere Fixierung auf den Verwertungs- und Konkurrenzkampf nicht erkennen und auflösen, die uns versprochene Freiheit in der größeren Liebe Gottes nicht wirklich ergreifen.

Trennung und Versöhnung

In diesem Buch ist von nichts anderem die Rede, als Religion und Erotik wieder miteinander zu versöhnen. Eine solche Theologie will offen sein für die Erotik als Communio, für ein kräftiges, nachhaltiges Ja zur Mystik des Eros, zum Leib, zur schwesterlichen Erde. Sie will die erotische Nähe Gottes als Einladung zur Solidarität, zur erotisch inspirierten Lebensgemeinschaft in Intimität und Politik zum Ausdruck bringen: »In Christus an jemanden denken heißt eins werden im Wünschen« (DOROTHEE SÖLLE). Die erotische Nähe Gottes inszeniert die Liebe im »Weinberg« des Hohenliedes (mit den »Liebesbäumen« CHAGALLS), das Leben inmitten des Todes eines uns umgebenden hundertfachen Overkills. Gott findet sich mit dem menschlichen Todestrieb nicht ab, er / sie führt in eine andere, unstillbare Sehnsucht nach Leben, nach einer unendlichen Tiefe: »und wenn ein gott ist / stelle ich ihn / mir als liebhaber vor« (ISAAC B. SINGER).

Das führt uns zur Frage nach dem Gottesverständnis, denn die Verkürzung des Gottesbildes durch die Abtrennung von der Erotik hat weitreichende Folgen für das sinnliche Leben der Christen. Erotik und Religion haben jahrhundertelang in einem Spannungsverhältnis gestanden, die gegnerische Einstellung des Christentums zum Leiblichen und Erotischen ist nur ein Stichwort in diesem Zusammenhang. Über die Lust- und Sexualfeindlichkeit der Kirchen ist viel geredet und geschrieben worden. Es genügt hier, an diese auch negative Wirkungsgeschichte christlicher Moral zu erinnern. Die Feindschaft zwischen Geist und Körper, zwischen Gefühl und Leib prägt unsere Geistes- und Alltagsgeschichte bis heute. Sie ist eine Ursache jener Entfremdung von der Kreatur, die zum Tod unserer Kultur und zum Untergang der Erde führen könnte. Die Umkehr, die heute notwendig ist, kann dauerhaft nur gelingen, wenn sie verbunden wird mit einem neuen, unsentimentalen Liebesverhältnis zur Schöpfung. Der entscheidende erste Schritt dazu wäre die Entdeckung, daß in der bejahten und gelebten Sexualität selbst ein Ferment zur Transzendierung unserer Erfahrung liegt. Die Liebe enthält in sich die große, unüberholbare Möglichkeit zu einer humanen Welt. Diese Möglichkeit ist uns von der Schöpfung her in die Wiege gelegt worden, aber das Christentum hat sie kaum wahrgenommen. Im Gegenteil: Statt sie begeistert zu nutzen und zu entfalten, haben wir bis jetzt alles getan, um sie zu bekämpfen und zu vernichten. Religion und Erotik haben einander das Wasser abzugraben versucht und damit die Quelle zugeschüttet, aus der sie beide leben. Sie haben sich gegenseitig um ihre Chancen gebracht. Gesiegt hat keine von beiden: Das Christentum steht heute in der Gefahr, zu einer irrelevanten marginalen Kraft zu werden; die Erotik ist im Sexbusiness entsinnlicht zur bloßen sexuellen Mechanik ohne jede Verbindung mit der Liebe zu allem Lebendigen. Die christliche Moral hat zu dieser Entwicklung unheilvoll beigetragen. Indem sie beharrlich bemüht war, zwischen »erlaubt« und »verboten« hin und her zu manövrieren, mit allerlei vertrackten Umwegen über Hilfskonstruktionen wie die »Stufenleiter der Zärtlichkeit«, nur um die voreheliche Enthaltsamkeit zu retten, ist sie zur Anwältin der Langeweile und damit zur Feindin der Liebe geworden. Alles aber ist in der Erotik erlaubt, sofern der andere es annehmen, sich daran freuen und es in seine Liebe einbeziehen kann. Der menschliche Leib, die menschliche Seele sind unendlich aussagefähig. Liebe ohne Phantasie ist Sünde, weil sie letztlich beziehungslos ist. Das Christentum trägt Mitschuld an dieser Entwicklung, und es sollte uns erschrekken, welche Energien wir durch Verdrängungen, durch eine falsche Moral im Unbewußten aufstauen, wieviel Phantasie wir abtöten, wieviel Kräfte zum leidenschaftlichen Leben wir ins Packeis umleiten. Die Folge ist, daß sich diese Energien in Aggressionen entladen oder zu jenen depressiven Verstörungen führen, die für die kollektive Seelenverfassung heute so charakteristisch sind.

Die Befreiung der Sexualität in den sechziger Jahren war ein explosiver Versuch, der jahrhundertelangen Verdrängung und Unterdrückung der Erotik ein Ende zu bereiten. Doch fehlte ihr die Beziehung zur Tiefe, zur Religion. Die eigentliche Unterdrückung der Erotik besteht aber darin, daß ihr der Zusammenhang mit der Tiefe der Wirklichkeit, mit Gott, bestritten worden ist und noch immer wird. Das christliche Gottesbild war und ist nicht göttlich genug vorgestellt, um die Erotik ins Urbild und damit ins Heil zu befreien. Wir sind aus der Unschuld der Ursprünglichkeit herausgefallen, sind kaum noch imstande, die Liebe als ein Sakrament und als heiliges Ritual zu begreifen, das ganze Leben festlich zu bewältigen, das heißt urbildlich, gottnah zu vollziehen und zu wiederholen. Wenn wir lieben, haben wir nicht mehr das Bewußtsein davon, in eine göttliche Welt einzutauchen, die in den Urbildern leuchtet, in eine ekstatische Dimension des Daseins. Damit hängt zusammen, daß das Gottesbild, so wie es die christliche Tradition bis in unsere Zeit entwickelt hat, fast ausschließlich patriarchale Züge trägt, mit sexistischen Attributen beschrieben wird. Gott aber ist ebenso Frau wie Mann, wenn wir schon Zuflucht zu anthropomorphen Bildern suchen wollen, er/sie muß ebenso unter den Bildern des Weiblichen – Mutter, Tochter, Sophia – wie unter den Bildern des Männlichen – Vater, Sohn, Geist – geschaut werden, wenn wir überhaupt eine Anschauung des ganzen Gottes, des die ganze Wirklichkeit umgreifenden und abbildenden

Gottes gewinnen wollen. Wenn wir sagen, Gott ist das Sein, Gott ist der Grund, Gott ist die Tiefe, der Schoß von allem, dann denken wir Gott weiblich, dann tritt Gott im Bild, im Archetyp der Frau hervor.

Eine Theologie der Liebe, die wieder von der Hochzeit zwischen Erotik und Religion sprechen will, muß konsequent die Liebe *entgrenzen*, ihre weithin plausible Fixierung auf das Geschlechtliche (das »Liebemachen«), auf den korrekt und phantasielos vollzogenen Beischlaf aufbrechen, das Bild von der Erotik wieder vielschichtig und mehrdimensional machen. Viel zu sehr hat sich die Theologie der Vergangenheit das Geschäft des moralischen Wächters aufzwingen lassen, hat sie sich auf ethische Urteile und Grenzkorrekturen beschränkt, gleichsam als kirchliches »Frühwarnsystem« fungiert. Liebe ist nicht erst dann geglücktes Menschsein, wenn sie sexuell als entspannt und lustvoll empfunden wird; Sexualität ist aber andererseits nicht erst dann kirchlich-ethisch akzeptabel, wenn sie sich gleichsam in geordneten – sprich: ehelichen – Bahnen vollzieht. Beides sind Einengungen, gesellschaftliche und theologische Fixierungen, die es zu überwinden gilt. Entgrenzung der Liebe heißt also, sie mit ihren sexuellen Energien weder zu mystifizieren noch zu tabuisieren. Die Christen müssen noch mehr lernen, über Sexualität ohne moralischen Rigorismus, ohne insgeheime Leibfeindlichkeit, ohne Abwehr der erotischen Faszination zu sprechen.

Gehen wir nun einen Schritt weiter, auf die Theologie zu, die sich in der Geschichte so merkwürdig abstrakt herausgebildet hat und heute jegliche sinnliche Präsenz vermissen läßt, sieht man einmal von wenigen Ausnahmen ab, welche die Regel jedenfalls nur bestätigen. Kann Theologie, die in der westlichen Welt ohnehin nur in den Köpfen der Theologen stattfindet, nur einen gleichsam geschlechtslosen Gott, einen erotisch neutralen Jesus ertragen? Biblisch begründbar ist eine solche Theologie jedenfalls nicht. Heinrich Böll hat sich eine »Theologie der Zärtlichkeit Maria Magdalenas« gewünscht: »Im Neuen Testament steckt eine Theologie der – ich wage das Wort – Zärtlichkeit, die immer heilend wirkt: durch Worte, durch Handauflegen, das man ja auch Streicheln nennen könnte, durch Küsse, eine gemeinsame Mahlzeit – das alles ist nach meiner Meinung total verkorkst und verkommen durch eine Verrechtlichung, man könnte wohl sagen durch das Römische, das Dogmen, Prinzipien daraus gemacht hat, Katechismen; dieses Element des Neuen Testamentes – das zärtliche – ist noch gar nicht entdeckt worden; es ist alles in Anbrüllen, Anschnauzen verwandelt worden.«

Was könnte eine solche Theologie der Zärtlichkeit beitragen, die bittere Entfremdung von Religion und Erotik zu überwinden, was hätte sie zu erzählen von der großen heiligen Hochzeit von Himmel und Erde, wie sie biblisch verheißen ist? Gelänge es ihr, eine Sprache zu finden, welche die Sexualität nicht domestiziert, die Erfahrungen der Erotik und der Zärtlichkeit nicht zerredet und zerstört, nicht in dürre Begriffe einkleidet, in rigorose ethische Urteilsmuster einsperrt, sondern die Versöhnung aufleuchten läßt, »ein Funke vielleicht der großen, der möglichen Versöhnung zwischen Gott und den Menschen, zwischen den Menschen untereinander, zwischen Mensch und Natur, zwischen Geist und Materie« (Kurt Marti)?

Diese Theologie würde jedenfalls die unselige Entgegensetzung von Eros und Agape endlich überwinden. Der Rückgriff auf die biblische Erfahrung zeigt, daß die von Anders Nygren getroffene idealtypische Unterscheidung von Eros und Agape eine nicht haltbare These ist. Der Eros kann nicht nur als ästhetische, leibliche, sexuelle Liebe (*amor*) verstanden werden, noch bedeutet die im

Neuen Testament propagierte Agape nur die dienende, sich schenkende, opfernde Liebe. Die Aufspaltung des Begriffs Liebe in Eros und Agape und Philia und Libido und Caritas fordert eine unzulässige Reduktion der Bedeutungsvielfalt, die dem Phänomen Liebe innewohnt. Sie ist Teil einer unseligen Tradition, den Glauben vom alltäglichen Leben, die Religion von der Politik, die Privatheit von der Öffentlichkeit rigoros abzutrennen, die Welt in »sakral« und »profan« aufzuteilen, in einen heiligen-religiösen und einen sündigen-weltlichen Bezirk, in Himmel und Erde, und diesen Bereichen noch dazu bestimmte Existenzweisen und Lebensformen zuzuweisen: den Zölibat und das bewußte Alleinleben der religiösen Existenz, die Ehe dem weltlichen Leben. Dieses Konzept spaltet auch die Ganzheit christlicher Existenz auf, es zwingt dazu, dem scheinbar isolierten religiösen Bereich die Hinreise, die Kontemplation, die Mystik zuzuordnen und der von der Religion separierten Welt die Rückreise, den Kampf, die Politik. Aber jeder Versuch, die Liebe in ihren freilich sehr vielschichtigen Ausdrucksformen in einen profanen (»Menschenliebe«, »sexuelle Liebe«) und einen religiösen (»Gottesliebe«, »Christusnachfolge«) Teil auseinanderzureißen, führt in ungezählte folgenschwere Aporien und Unvereinbarkeiten, die nicht nur biblisch unbegründbar und anthropologisch unhaltbar, sondern auch theologisch unbefriedigend sind.

Eine Theologie der Liebe steht dabei vor der Aufgabe, diese Versöhnung von Erotik und Religion, diese Entgrenzung der Liebe zu ihrem Programm zu machen, die Liebe als selbstverständlich anzuerkennen und nicht als biologisch notwendigen Mechanismus abzuwerten – und sie zugleich über das Plausible hinauszuführen, über gesellschaftliche Denkmuster und Bewußtseinsstrukturen ebenso wie über kirchlich verhängte Tabuzonen. Liebe ist leidenschaftliches Beziehungsgeschehen, aber sie weist auch über die Innenwelt des Menschen hinaus. Sie berührt in der Kraft ihrer Bilder und Gesten und in der Intensität ihres Gefühls einen Bereich, der dem der Religion nahe ist, ohne selbst religiös zu sein: »Religion und Erotik: ein wildes, doch unzertrennliches Paar. Wie heftig sie miteinander streiten, sich gegenseitig beschimpfen, verwünschen, verfluchen mögen, keine hält es ohne die andere aus. Stirbt die Religion, so magert die Erotik zum Skelett, d. h. zum bloßen Sex, ab. Stirbt die Erotik, so verdorrt Religion zur abstrakten Metaphysik (wie früher) oder zur trockenen Ethik (wie heute)« (KURT MARTI).

Weil das so ist, lasse ich mich hier erst gar nicht auf ein separatistisches Verständnis von Liebe und Religion ein, kann ich die Trennung dieses »wilden Paares« auch theologisch nicht vertreten. Es mag den einen Leser oder die andere Leserin stören, daß die Begriffe und das, was sie meinen, immer in einem Atemzug gebraucht werden. Aber alles, was hier gesagt werden soll, geht davon aus, daß Religion und Erotik miteinander zu tun haben, ja mehr noch, daß sie aus *einer* Quelle kommen: aus der göttlichen Leidenschaft für das Leben und die Befreiung des Menschen, aus der Liebe zu allem Lebendigen. Beides, Erotik und Religion, ist leidenschaftliches Leben. Erotik und Religion sind nicht identisch, aber in der Liebe Gottes und der Liebe der Menschen miteinander identifiziert. Sie sind so starke Gefühle und von so faszinativer Kraft, daß sie beide je auf ihre Weise dem Menschen »das Hemd ausziehen« (DOROTHEE SÖLLE), daß sie einander immer wieder berühren müssen, um zu sich selbst zu kommen.

Das theologische Programm einer Entgrenzung der Liebe will also die Rehabilitierung der Erotik. Sie will die Erotik, die Liebe, die Sexualität immer in einem umgreifenden Zusammenhang sehen, als eine unverzichtbare

Möglichkeit, die Welt und auch Gott festlich-erotisch wahrzunehmen, in einem anderen meiner selbst. Diese Intimität ist Ausdruck und Kultur des Menschen, das, was ihm in vielen Spielarten als die vielleicht tiefste und schönste Möglichkeit gegeben ist, Mensch zu sein und Mensch zu werden. Von der Religion möchte ich, ungeachtet ihrer nicht bestreitbaren Ambivalenz, behaupten, daß sie zu dieser Menschwerdung verhelfen kann.

Vor aller Einführung in das moralisch enge System des Christentums sollten wir daher als erstes schöpferische Kommunikation mit unseren Möglichkeiten zu sozialer Liebe wagen. Doch scheint den Kirchen nichts schwerer zu fallen, als den Exodus aus dem Gefängnis des moralischen Rigorismus zu wagen und jenen Raum aufzuschließen, der von Gottes köstlicher Freiheit bestimmt ist und den Menschen Befreiung verspricht. Das spezifisch Christliche liegt nicht in der Verdrängung und Verleugnung erotischer Kräfte, sondern in der Eröffnung dieser Freiheit für die entfremdet lebenden Menschen, die unter den Strukturen und Zwängen einer rigoristisch verengten Lebenswelt und Moral leiden. »Christlich« dagegen ist, die Liebe zu verteidigen und zu beschützen, »Leistungszwänge« im Intimbereich abzuschwören und überhaupt die Macht ökonomischer Gesinnung und Sachlichkeit des Tauschverkehrs bis in die persönlichsten Beziehungen hinein zu brechen. Die Faszination, die noch heute vom »Lied der Lieder«, dem Hohenlied des Alten Testaments, ausgeht, läßt ein wenig davon erahnen, worin das göttliche Versprechen des Lebens in Wahrheit liegt: »Das ist die weite Perspektive, in die uns das Hohelied führt: nach vorwärts in die sehnsüchtige Utopie einer befreiten, humanen Kultur, in der die geschöpflichen Gaben blühen können, die jetzt erstickt werden – nach einwärts in neue erotische Entfaltung der persönlichen Beziehungen durch gegensei-

tige Durchdringung von Eros und Agape« (HELMUT
GOLLWITZER).

Wann erkennen wir, daß die Liebe zwischen Menschen,
die Liebe zu Gott und die Liebe zur Erde nicht voneinander getrennte, nicht nach- und nebeneinander ablaufende
Realitäten sind, sondern daß sie nur verschiedene Aus-
drucksmöglichkeiten der *einen* spirituellen Kraft sind, die
uns zur Aufnahme und Gestaltung von Beziehungen überhaupt zur Verfügung steht? Wenn es nicht gelingt, gerade
in einer erbarmungs- und gnadenlosen Welt, die Erotik,
die Zärtlichkeit liebender und hoffender Aufmerksamkeit
in das Reich der universellen Liebe Gottes »zurückzuho-
len«, ihnen eine wahre Heimat zu geben, ihnen ein Recht
zuzugestehen, werden wir diese spirituelle Kraft verleug-
nen. Die Sexualität gehört zu den Urkräften, wir begegnen
ihr als faszinierender und erschreckender Macht. Sie ist im
üblichen Sinne der Verwertbarkeit nicht zu beherrschen,
sie bleibt letztlich unverfügbar wie jede andere seelische
und leibliche Äußerung auch. Ein Teil von ihr bleibt draußen, außerhalb der persönlichen Beziehungen und Kom-
munikationen, dunkel, fremd und unerlöst. Gerade daher
rührt ja die Sehnsucht nach Einswerdung, nach Überbrük-
kung dieser Abgründe und Klüfte, tritt die ganze archety-
pische Tiefengeschichte unserer Seele zutage, spricht sich
das religiöse Verlangen aus, die verlorene Dimension der
»Heimat« wiederzuentdecken, die im Wunsch nach Verbundenheit aufleuchtet. Wir wollen die Einheit wiederfin-
den, die Einheit mit dem Lebendigen, dem Kreatürlichen,
der Schöpfung.

Erotische Bewegung und symbiotische Beziehung ver-
fehlen dort ihren Sinn, wo sie die Treue zur Erde leugnen.
Wo die Treue zur Erde aufgegeben wird, wird immer ein
Stück Schöpfung unbewußt zerstört. Wer je etwas von der
Schönheit des umfassend liebenden Menschen gespürt und

in sich aufgenommen hat, wird der Gemeinheit pervertierter Gewalt niemals nachgeben können, weil durch sie das Leben unterdrückt, beleidigt und in Ersatzkanäle gezwungen wird, die nicht mehr dem Gesetz des Schöpfers gehorchen. Schönheit an sich beschützt nichts und niemanden, und mir liegt fern, das hohe Lied der schönen Liebe zu singen mitten in den Dissonanzen und Schrecken der Welt. Musik von Mozart wurde auch von den Henkern in Auschwitz gehört, nach dem Mordgeschäft des Tages; seine Musik übertönte die Schreie der Gefolterten und Gequälten. Die Schönheit dieser Musik an sich hat nichts verändert, keinen der Folterbande bekehrt und aufgehalten, am nächsten Tag wieder das Vergasen zu besorgen. Isoliert vom Ja zum Leben, von der Treue zur Erde ist die Schönheit auch der Liebe mißbrauchbar. Wird sie aber eingebunden in den Zusammenhang unbedingter Liebe zum Leben, wird sie sichtbar in äußeren Zeichen wie in verinnerlichten Gesten, entfaltet sie gleichsam ihre inspirierende, spirituelle Kraft. Sie erstirbt unter den Händen der Todesproduzenten und unter dem giftigen Hauch des allgegenwärtigen Zynismus. Doch sie blüht auf in den Händen der Liebe empfangenden und Liebe gebenden Menschen, wenn man nur einen einzigen Schritt heraus tut aus der Banalität und Trivialität, die uns umgibt. Wer dem Eros vertraut, kann der Erde als dem Geschenk des Schöpfers treu bleiben. Wer die Verbundenheit mit der Erde verweigert, dessen angestaute Energien verwandeln sich schließlich in Vernichtungsenergien.

Rebellische Träume vom Glück

Vor die Versöhnung hat Gott den Traum gesetzt. Erst müssen die Menschen eine Anschauung gewinnen, um handeln zu können. Die Religionen haben den Träumen der Menschen von der immerwährenden Glückseligkeit und dem unvergänglichen Paradies Sprache und Ausdruck gegeben, die Versöhnung des erotischen und religiösen Lebens in immer neuen Bildern vom Glück vergegenwärtigt. Das christliche Paradies ist der ur- und endzeitliche Glückszustand, der Garten Eden, in dem Adam und Eva ihr kurzes Glück genossen. Aber es ist auch der finale Glückszustand, der Himmel, Wohnsitz und die Heimat Gottes, der Engel und der auferstandenen Seligen. Mit dem Leben dazwischen, mit dem schwierigen Leben in einer verwundeten Schöpfung, mit der Geschichte tut sich die christliche Religion schwer. Von welcher Art das paradiesische Leben sein soll, davon berichtet die Bibel nichts; Paulus hat die Frage danach ausdrücklich zurückgewiesen (1 Korinther 15,35). »Wie der verklärte Leib sich dort bewegen wird, so kühn bin ich nicht, das zu sagen, was ich zu denken nicht vermag«, schrieb auch AURELIUS AUGUSTINUS in seinem »Gottesstaat«, ein Kirchenlehrer, der ansonsten fast zuviel gedacht hat. Nur dies weiß er aus sicherer Quelle: »Dort wird keine Not mehr sein, nur volles, reines, sicheres, ewiges Glück.« Die allzu menschliche Lust an der Sünde werde sich in »die unbeirrbare Lust, nicht zu sündigen« verwandeln. Sehr phantasievoll ist angesichts der oft so bunten Träume der Religionen, Mythen und Mysterien der größte Theologe der frühen Kirche also nicht gewesen. Er hat nur das zu benennen vermocht, was schon die Bibel in prallen Bildern geträumt hat: das Glück als Hochzeitsfest, das kein Ende findet, als messianisches

Mahl aller bislang Mühseligen und Beladenen, als neuer Himmel und neue Erde, als neue Stadt Jerusalem, die sich als Braut geschmückt hat, als Wohnung Gottes unter den Menschen, denen alle Tränen abgewischt, alle Trauer und Klage genommen werden (Offenbarung 21, 1–4). Dieser Traum ist geprägt vom »Sinn und Geschmack für das Unendliche« (FRIEDRICH SCHLEIERMACHER), für AUGUSTINUS ist die *beata vita*, die Glückseligkeit ein Gottschauen, eine Lust zu Gott, die mit irdischen Dingen nichts zu tun hat.

Das Mittelalter hat in der Nachfolge des AUGUSTINUS und der dualistischen hellenistischen Philosophie denn auch sehr folgerichtig und leider ganz unbiblisch die Liebe zur Schöpfung von jeder erotischen Empfindung und Lust scharf getrennt. Die meisten Theologen und Kirchenleute, auch MARTIN LUTHER, bleiben in dieser Tradition der Aufspaltung der Liebe in die jenseitige, enterotisierte Gottesliebe und die diesseitige Lust des Eros an allem Lebendigen befangen. Auch die Aufklärung hat in ihrer säkularen Version des christlichen Traums vom Glück nichts geändert an der schalen Fiktion vom diesseitigen Leben, das nicht mehr durchdrungen ist von der mystischen Liebe zur Erde. Die offene Revolte begann erst mit der Romantik und ihrer (Wieder)Befreiung des Eros, mit FRIEDRICH SCHLEGELS »Lucinde«, sekundiert vom platonischen SCHLEIERMACHER. In den Kern der theologischen Positionen und der kirchlichen Praxis drang diese Revolte jedoch nicht ein. Die Theologie blieb die Theorie der »Mauerkirchen«, blasse, farblose Lehre, dürftiges, blutleeres Denken.

Die Religion dagegen war immer expressiv in sinnlichen Erfahrungen. In ihr ist der Traum vom Glück und der Glaube an die gute Schöpfung auch im konfessionellen Lebenskolorit lebendig geblieben, im Katholizismus sinnen-

froher und symbolreicher als in der Kühle, Wortüber-
ladenheit, Distanz und affektiven Verarmung des Prote-
stantismus. Die Religion bewahrte das ekstatische Feuer
unter der Asche des ausgeglühten Christentums. Sichtbar
wird das auch, wenn man sich andere Weltreligionen an-
schaut, erst recht das reiche urmythische Material naiver
Religiosität, das sich in Träumen, Visionen, Ekstasen, Ritualen ausdrückt. Die Bilder und Symbole der Religion haben nicht das Faktische und Immanente, das Richtige oder
Falsche im Sinn. Sie wollen Wegweiser sein zu Wahrheit
und Leben, sie wollen das Dunkle, Bedrängende aufhel-
len, verstehen, ja erlösen aus der Namenlosigkeit. Von diesem Sinn der Schöpfung zu erzählen, sie zu deuten, zu feiern, weiterzutragen, das macht Religion aus. Sie stößt ein
Tor in die Transzendenz auf, zu jenem Land, zu dem wir
alle unterwegs sind.

Ein Silberstreif am Horizont

In einer Zeit, in der fast alle Sterne vom Himmel gefallen
und unsere höchsten Symbole verblaßt sind, wie CARL
GUSTAV JUNG schrieb, ist es nur zu verständlich, daß wir
auch von Gott keine Zeichen mehr wahrnehmen. Wir haben die symbolische Sprache der Religion verlernt, den alten Brunnen zugeschüttet, der sie aufbewahrt hat. Wir
kennen keine Geschichten mehr von Gott in unserem Leben. Gott kommt nicht vor in den Geschichten, die wir
erzählen. Warum ist das so? An Geschichten mangelt es ja
nicht: »Nicht nur haben wir ungezählte Geschichten geschaffen, wir haben auch unendlich viele Formen erfunden, sie wieder zu erzählen. Wir tanzen sie, wir malen sie

an Tischen, auf denen noch die kalten Überreste der Mahlzeit stehen. Wir flüstern sie in die Ohren schlafender Kinder in dunklen Schlafzimmern. Wir stammeln sie in den
Beichtstühlen und vor dem Therapeuten. Wir schreiben
sie in Briefe und Tagebücher. Wir spielen sie in den Kleidern, die wir tragen, an den Plätzen, die wir aufsuchen, in
den Freundschaften, die wir pflegen. Kaum können unsere
Kinder uns verstehen, beginnen wir, ihnen Geschichten zu
erzählen, und von unseren Eltern hoffen wir, daß wir ihre
ganze Geschichte hören, ehe sie von uns gehen« (HARVEY
COX).

Warum also dieser Mantel des Schweigens, der Gott in
unserem Leben so sprachlos macht? »Erzähle mir alle diese
Berührungsgeschichten«, bittet die Frau im Roman »Und
sagte kein einziges Wort« von HEINRICH BÖLL. Ja, wir
müßten diese Geschichten erzählen, in denen wir berührt
wurden, in denen eine Saite in uns zum Klingen gebracht
wurde, wenn wir von Gott sprechen wollten. Gott ist
nicht außerhalb unserer Ängste, unserer Berührungssehn-
süchte, unserer Hoffnungen. Gott ist mitten in unserem
Leben verborgen anwesend. Wir können ihn jedoch nur
entdecken, wenn wir offene Sinne bekommen für seine
Gegenwart.

Psalm 22

es gibt keine zeichen mehr von dir
im himmel im holz in den stirnen
keine schönen geschichten die wir glauben
in denen du engel schickst und sintfluten
flammende schwerter plagen posaunen
wo du mit leuten redest im traum
und der riese goliath fällt auf die stirn
und daniel kommt heil aus der gaskammer

man sagt du seist weg
du kümmerst dich nicht mehr um uns
du hast deinen sohn ans kreuz geschlagen
eine kirche gegründet
seitdem bist du weg und
wir brauchen dich nicht
keiner ruft dich
wer dich ruft erwartet nicht daß du ihn hörst
keiner ruft leise genug
keiner klopft an und wird aufgetan

es gibt weder himmel noch hölle
die türe ist offen

ERNST EGGIMANN

Die Türe ist offen. Schließen wir sie nicht zu durch allzu ängstliche Abschirmung, wagen wir es, Gott zu benennen: in unseren tiefsten Wünschen, in unseren leuchtendsten Sehnsüchten, in unseren leidenschaftlichsten Erfahrungen. Gott ist anwesend in unseren Empfindungen, so in dem Gedicht »Versöhnung« von ELSE LASKER-SCHÜLER:

Es wird ein großer Stern in meinen Schoß fallen...
Wir wollen wachen die Nacht,

In den Sprachen beten,
Die wie Harfen eingeschnitten sind.

Wir wollen uns versöhnen die Nacht –
So viel Gott strömt über.

Kinder sind unsere Herzen,
Die möchten ruhen müdesüß.

Und unsere Lippen wollen sich küssen.
Was zagst du?

Grenzt nicht mein Herz an deins –
Immer färbt dein Blut meine Wangen rot.

Wir wollen uns versöhnen die Nacht,
Wenn wir uns herzen, sterben wir nicht.

Es wird ein großer Stern in meinen Schoß fallen.

Gott, die Quelle des Lebens, der Versöhnung, der Lust. So viel Gott strömt über, und wir werden dieser Verschwendung an Liebe nicht gewahr, weil wir uns abzuschotten wissen, weil wir die Transzendenz in unserem Dasein nicht erkennen. Weil wir Gott keine Gefühlsregungen zutrauen, keine Empathie, keine Sympathie, überhaupt kein Pathos. Wir haben aus Gott einen fernen, unbeweglichen, unberührbaren Stern gemacht. Wir haben ihm sein Leben, seine Leidenschaft gründlich ausgetrieben.

Dunkel leuchtende höhle
wo wir
wärme suchen und zuflucht
bei feuer und freunden
schöne höhle gott
in der wir
immer schon gingen
und wußten es nicht

Kurt Marti

Wir müssen, wenn wir Gott wieder so zur Sprache bringen wollen, phantasievoll werden, unerschöpflich im Erfinden von Sprache. Wir müssen die Tabus brechen, die sich um

Religion, Sexualität, Erotik und Transzendenz wie ein unbezwingbarer Wall gelegt haben. Denn »Kopfsätze haben wir viele, haufenweise, wie die Telefonsätze, wie die Schachsätze, wie die Sätze über das ganze Leben. Es fehlen uns noch viele Satzgruppen, über Gefühle haben wir noch keinen einzigen Satz, weil Ivan keinen ausspricht, weil ich es nicht wage, den ersten Satz dieser Art zu machen, doch ich denke nach über diese ferne fehlende Satzgruppe, trotz aller guten Sätze, die wir schon machen können. Denn wenn wir aufhören zu reden und übergehen zu den Gesten, die uns immer gelingen, setzt für mich, an Stelle der Gefühle, ein Ritual ein, kein leerer Ablauf, keine belanglose Wiederholung, sondern als neu erfüllter Inbegriff feierlicher Formeln, mit der einzigen Andacht, deren ich wirklich fähig bin. Und Ivan, was kann Ivan denn wissen darüber? Aber trotzdem sagt er heute: Das ist also deine Religion, das also ist es. Seine Stimme hat einen veränderten Ton, weniger heiter, nicht unverwundert. Er wird es am Ende herausfinden, was mit mir ist, denn wir haben ja noch das ganze Leben. Vielleicht nicht vor uns, vielleicht nur heute, aber wir haben das Leben, daran kann kein Zweifel sein« (INGEBORG BACHMANN).

Über Gott haben wir noch keinen einzigen Satz. Über die Liebe nicht und über die Gefühle auch nicht. Wir haben überhaupt noch keine Sprache, in der Gott durch unser Gefühl aussagbar wäre. Gleichwohl können wir einen Silberstreif am Horizont entdecken. Seit geraumer Zeit wagen auch Theologinnen und Theologen eine neue Sprache. »Meine Erfahrung ist, daß es ohne Lebensliebe keine erotische Liebe gibt und daß diese jene immer von neuem erweckt«, schreibt zum Beispiel KURT MARTI. »Dem Verhalten des Menschen zur Schöpfung Gottes entspricht sein erotisches Verhalten, dem Kultus der Eros, und wie er mit seiner Mutter, der Erde, steht, so steht er mit seinem /

seiner Geliebten.« Immer wieder beschwört KURT MARTI in seinen Reden und Büchern den Glauben und den Eros als Geschwister, plädiert er dafür, daß in unserem persönlichen Leben die Erotik gläubiger und der Glaube erotischer werden muß. Er bricht die verkrusteten Gottesbilder auf und entdeckt eine weibliche und weiche Dimension Gottes: »Zärtlichkeit: eine der Töchter Gottes und unbeirrt subversiv. Wie schwach sie auch sein mag, sie legt's darauf an, das männliche Spiel zu beschämen, zu verwirren, damit wir uns vielleicht und endlich doch noch entschließen, es abzubrechen und ein anderes, besseres zu beginnen.«

Unsere Erotik müßte ebenso wie unser Glaube leidenschaftlicher, ernster, wacher, ja radikaler werden. Das urbane Leben bietet eine vielfältige Kultur, die konsumiert werden kann, ohne daß sich ein existentieller Niederschlag bildet. Die Stadt ist ein großer erotischer Marktplatz. Wie ein warmer Platzregen gehen erotische Bilder, Signale und Szenen auf uns nieder – welche Verheißung eine Umarmung, ein Kuß, eine schöne Frau oder ein Lächeln, ein Blick tragen! Und doch ist gerade die Stadt voll von Erklärern, und wenn sie Liebe abhandeln, meinen sie rabiate Sexualität. Die Radikalität eines GEORGES BATAILLE findet in ihrer Lebenswelt keine Entsprechung: »Von der Erotik kann man sagen, daß sie die Zustimmung des Lebens bis in den Tod hinein ist.« Was sollen also unsere Allerweltsrituale, Küsse, Umarmungen, Streicheln, doch alles ohne das aufregende Zigeunerleben unter der Haut, alles gleichsam auf Abstand, alles bestimmt für das rasche Vergessen – eine pflegeleichte, weichgespülte, nichtssagende Erotik. Und auf der anderen Seite keuchende Gefühllosigkeit und rüde Penetration. Die Vieldeutigkeit dessen, was einmal »Liebe« genannt wurde, ist zusammengeschrumpft auf kurzlebige Funktionalität, unter weitgehender Mißachtung des magischen Augenblicks, der erotischen Verzauberung und der transzendenten Überraschung. »Lîb« im Mittelhochdeutschen bedeutete noch Liebe, Leib und Leben. Das ist eine Anschauung, die in den modernen Abenteuern sexueller Permissivität zerstört worden ist.

In allem Schmerz und allem Glück erotischen Lebens wäre Gott erst noch zu entdecken. Es würde an Tiefe, an Radikalität, an Leidenschaft gewinnen, wie wir es auch von Jesus lernen können: »Er hat nicht nur gesagt: Gott liebt euch und liebet einander. Er hat dieser Liebe sein Pathos gegeben, seinen Tanz, seinen Ausdruck und seine Sinnlichkeit. Er war ein Prediger und Dramaturg. Er hat nicht nur Freundschaft gestiftet, sondern auch Gesten dieser Freundschaft erfunden und ihr Zeichen gesetzt: Brot und Wein, Öl und Wasser, Segnungen und Umarmungen, Fußwaschungen und In-den-Sand-Schreiben, Fasten und Trinken wurden zu neuen Gesten des Lebens. Die Erotik des von ihm gestifteten Lebens nahm Gestalt an in der Sinnlichkeit der Zeichen. Erotisch ist ein Zeichen dann, wenn es noch nach dem Leben riecht, das es ausdrücken soll, wenn also Freude oder Trauer, die Hoffnung oder die Verzweiflung, die Liebe oder der Haß an ihm noch unmittelbar ablesbar sind« (FULBERT STEFFENSKY).

Ein solches Gottesverständnis ist selbst erotisch. Es atmet noch die Unmittelbarkeit der Berührung, der Sinnlichkeit, der Geste. Das erst würde den Sinn einer Rede von der Erotik Gottes ausmachen: wenn wir Gott nicht länger in unbegriffenen und fremden Zeichen suchen müßten, sondern ihn ausfindig machen könnten als einen pathischen, einen leidenden und liebenden Gott. Erst dann würde sich nicht nur unser Reden von Gott, sondern auch unser blutleerer und flügellahmer Glaube ändern: »Noch bleibt der Eros zur Welt, die Lust zum Lebendigen, die Zärtlichkeit zu ›soviel berauschender Vergänglichkeit‹ (ELISABETH LANGGÄSSER) christlich und liturgisch zu wenig artikuliert. Möglicherweise entspringt dieser Mangel einer antierotischen Gottesvorstellung patriarchalen Zuschnitts, hängt zusammen mit dem nach wie vor virulenten Gottesbild des unzugänglichen, herrisch unbeeinflußbaren Autokraten. Gott aber ist, die Dreieinigkeitslehre deutet es an, dialogisches Mysterium. Der Eros des Gesprächs, des Hörens und Zugehens auf uns, seine Geschöpfe, ist ein Wesenszug seiner Agape, seiner Liebe« (Kurt Marti).

Abschied von Gott, dem Herrscher, dem Fürsten, dem Allmächtigen – solange alle diese Attribute nur unseren eigenen Willen zur Macht widerspiegeln –, ist der erste Schritt. Wenn wir Gott im Erotischen wahrnehmen wollen, müssen wir selber ganz liebend werden. Liebe ist nicht wirklich Liebe ohne den Verzicht auf Herrschaft, ohne daß wir uns abrüsten bis zur letzten Nacktheit, ohne daß wir verwundbar und berührbar bleiben. Die Erotik Gottes ist in der Liebe ohne Netz, ohne Bedingungen, in der liebenden Wahrnehmung des Menschen und der Erde.

Sekunde ohne Netz

Manchmal bemerkte ich
ein Wetterleuchten
auf dem Gesicht
schöner Frauen,
ein Anflug von Trauer,
durchsichtig und weich.
Ihre Macht weggewischt –
für den Herzschlag
eines seltsamen Jetzt
ging ihr Blick
in die Ferne,
dann etwas wie Angst,
und ihre Schönheit
verschloß sich
strahlend.

A. M. KLAUS MÜLLER

ZWEITER TEIL

Die Erotik Gottes und die Liebe der Menschen

Spurensuche in Israel und im alten Orient

Denn wie der junge Mann eine junge Frau heiratet,
so wird dein Erbauer dich, Israel, heiraten.
Wie der Bräutigam seine Wonne an der Braut hat,
so wird dein Gott an dir seine Wonne haben.

JESAJA 62,5

Jahwe – der Gott als Liebhaber

Über Liebe im biblischen, zumal alttestamentlichen Verständnis kann nicht gesprochen werden, ohne den Liebhaber der Menschen par excellence, Jahwe selbst, zu Wort kommen zu lassen. Seine Liebe spricht sich so aus: »Ich bin Jahwe, dein Gott, der dich befreit hat aus dem Land der Ägypter, herausgeführt aus dem Sklavenhaus. Du sollst keine anderen Götter haben als mich« (Exodus 20,2 ff. und Deuteronomium 5,7 ff.) – oder: »Hab keine Angst, denn ich befreie dich und rufe dich beim Namen, du gehörst zu mir« (Jesaja 43,1); und: »Damit man erkennt und sich daran festmacht (d. i. »glauben«) und einsieht, daß ich es bin: Jahwe, war vor mir kein Gott, noch wird es einen nach mir geben. Ich allein bin Jahwe, außer mir gibt es keinen Gott« (Jesaja 43,10 f.); und: »Ich bin der erste und der letzte, außer mir gibt es keinen Gott. Wer ist mir gleich?« (Jesaja 44,6).

Jahwe ist ein Liebhaber der Menschen, doch er formuliert ihnen gegenüber auch den unbedingten Anspruch seiner Liebe. Er zeigt sich als ein zärtlicher, aber auch als ein eifersüchtiger und zorniger, in leidenschaftlicher Liebe zu seinem Volk entbrannter Gott. Er ist der, welcher selbst ausspricht, wer er eigentlich ist, der dem Volk seine eigene Geschichte vor-erzählt: »Ich gehe vor dir her und ebne die Höhen ein. Ich sprenge eherne Pforten und zerbreche eiserne Riegel. Ich gebe dir verborgene Schätze und versteckte Kostbarkeiten, so daß du *erkennst*. Ich bin Jahwe, der dich beim Namen rief, der Gott Israels. (...) Ich bin Jahwe, und sonst ist keiner. Außer mir gibt es keinen Gott, obwohl du mich nicht kennst. Ich gürte dich, damit man von Sonnenaufgang bis zu ihrem Untergang weiß, daß neben mir kein anderer ist« (Jesaja 45,2 ff.).

Unermüdlich wird in diesen zentralen Texten des Alten Testaments die Einzigartigkeit dieser großen Liebe unterstrichen. In Exodus 3 stellt sich Jahwe selbst geschichtlich-prozeßhaft vor als »Gott deines Vaters, der Gott Abrahams, der Gott Isaaks und der Gott Jakobs« (Exodus 3,6). Jahwe weigert sich aber, in einem festen begrifflichen Namen kenntlich gemacht zu werden, denn wer, wie Adam, den Dingen einen Namen geben kann, herrscht über sie. In seiner offenbarend-verhüllenden Namensumschreibung (Exodus 3,13f.) spricht er zwar ein Bilderverbot aus, gibt aber auch ein Versprechen – die vielen Übersetzungen lassen es in unterschiedlicher Deutlichkeit erkennen: »Ich bin der ich-bin« – »Ich werde sein, der ich sein werde« – »Ich bin da« – »Ich werde mich erweisen als der ich mich erweisen werde«. Aber in solchen Umschreibungen ist das Bilderverbot nicht alles, denn direkt in diesen Wendungen ist mit der Verweigerung Jahwes, sich in Begriffen handhabbar zu machen, mit sich kalkulierbar umgehen und sich festlegen zu lassen auf bestimmte Vorstellungen, *immer* zugleich die *Zusage* von Liebe und Treue verbunden. »Ich werde mit euch sein« ist ein treuevolles Liebesversprechen, das gilt, gleich, was immer kommen mag. »Das ist mein Name ewig« (Exodus 3,15) heißt: Gott wird mit uns sein, mit uns gehen durch alle Zeit.

Dieses Versprechen erotischer Nähe und Intimität eines Gottes mit seinem Volk ist uns in unseren heutigen Gottesvorstellungen kaum noch bewußt. Mit der Ausformung des christlichen Gottesbildes haben wir einen so reinen, spiritualisierten, glanzlosen und anämischen Gottesbegriff entwickelt, daß wir Gott erotische Regungen nicht mehr zutrauen. Gott ist so unlebendig geworden, weil wir ihn mit unserem Leben, unserer Liebe, unserer Erotik nicht mehr in Verbindung bringen – oder höchstens als moralischen Sittenwächter. Dazu ist unser Gottesbild einseitig vermännlicht und drückt sich nur in sexistischen Attributen männlicher All-Macht aus, wobei die Vorstellung, daß Gott ein erotisch erregter, ein liebender, ein zeugender Gott ist, nicht mehr bewußt ist. Nach dem ersten Johannesbrief sind wir Gottes Frau, die das Leben in sich trägt und gebären wird. Aber wer achtet schon auf solche Aussagen (vgl. 1 Johannes 3,9)? Die Vergeistigung und Entsinnlichung des Gottesbildes hat aber nicht nur Gott zu einem starren, toten Gebilde oder theoretischen Gedanken gerinnen lassen, sie hat uns auch in unserem sexuellen Verhalten schematisch, oberflächlich und phantasielos gemacht. Sexualität ohne eine letztlich religiöse Symbolik, so möchte ich behaupten, ist unvollständige, nicht zu Ende gebrachte Sexualität. Menschliche Lust, die nicht auch einen Funken Gotteslust in den Leibern erfährt, ist nicht ganz und rund.

Göttliche und menschliche Intimität

In der Bibel finden wir keine ausgefeilte Analyse menschlichen Liebens. Aber wir können in ihr Spuren göttlicher und menschlicher Intimität entdecken und dabei auf Traditionen zurückkommen, die in der Vergangenheit zu Unrecht verborgen und unbeachtet geblieben sind.

Werfen wir zunächst einen Blick auf die vielfachen Beschreibungen von Intimität, wie sie zwischen Gott und Menschen ihren Ausdruck findet. Im Psalm 139 zum Beispiel ist eine solche Präsenz der Nähe formuliert: »Ehe noch das Wort auf der Zunge, siehe, Jahwe, schon weißt du alles. Von rückwärts und von vorn umfängst du mich, legst du deine Hand auf mich. Du bist es, der mein Innerstes geschaffen hat, du hast mich im Leib meiner Mutter gewoben.«

Intimität ist also ein Widerschein der Schöpfung. Gott ist dem Menschen, seinem Geschöpf, nahe. Mit ähnlichen Bildern spricht das Neue Testament über die Einheit des Weinstocks mit den Reben (Johannes 15) oder Paulus von der Gemeinde als Leib Christi (1 Korinther 12). Sie alle können zu den christlichen Erkenntnissen über intime Gemeinschaft gezählt werden. Vergessen wir in diesem Zusammenhang aber nicht auch die Ferne Gottes, die »Gottesfinsternis«, denn Gott ist nach biblischer Erfahrung niemals näher, als wenn er fern ist (wie im Buch Hiob oder im Schrei des Psalms 130 »De profundis«). Auch im Leiden und Kreuz Jesu ist Gott der Entzogene und Verdunkelte.

In der Intimität mit den Menschen zeigt sich Gott durch alle biblischen Schriften hindurch als ein naher und ferner Gott, der in dieser Nähe *und* Ferne intime Gemeinschaft mit seinem Volk sucht. Er ist in dieser Intimität selbst das Urbild jeder Liebe. Nicht als eigenmächtige Leistung wird die menschen-mögliche Liebe begriffen, sondern als geschenkhafte Zuwendung, aus der die Menschen liebend leben können: »Ich will euch ein neues Herz und einen neuen Geist in euch geben« (Ezechiel 36,26; vgl. auch Psalm 51; Jesaja 49,15; 43,4; 41,8; Jeremia 2,2; 31,3). Und so kommt es bei Tritojesaja zu jener großartigen Vision der auf immer zugesagten Liebe Jahwes, die das Leben zur Lust werden läßt: »Man wird dich nicht länger mehr ›Verlassene‹ nennen und dein Land nicht mehr ›preisgeben‹, sondern man wird dich ›Meine-Lust-an-dir‹ heißen und dein Land ›Vermählte‹. Wird doch Jahwe an dir Gefallen haben, und dein Land wird wiederum vermählt. Denn wie der junge Mann eine junge Frau heiratet, so wird dein Erbauer dich heiraten. Wie der Bräutigam seine Wonne an der Braut hat, so wird dein Gott an dir seine Wonne haben« (Jesaja 62,4 f.).

Natürlich entsprach es dem Verständnis Israels, daß Jahwe jenseits aller Geschlechtlichkeit stand. Er hatte keine Gemahlin (insofern waren seine ständigen Umarmungsversuche Israels in gewisser Weise »Beziehungsphantasien eines Alleinlebenden«), und die Fruchtbarkeitsriten mit ihren starken erotischen Energien erschienen dem Volk Israel und besonders seinen Propheten nicht die ihm entsprechende Form der Anbetung und Erwiderung dieser Liebe.

Doch wir werden in allen biblischen Texten, die wir genauer durchgehen wollen, die Auffassung bestätigt finden, daß die intime Gemeinschaft zwischen Frau und Mann zum wichtigsten Symbol für die Darstellung des Verhältnisses zwischen Gott und seinem Volk wurde. Der Bund zwischen Gott und Israel wird uns ständig als bräutliche oder eheliche Gemeinschaft vor Augen geführt.

In einem vorausschauenden Blick auf das Hohelied, von dem noch ausführlich die Rede sein soll, können wir schon jetzt festhalten, daß Israel und später die Kirche die intimen Bilder und Gesten dieser Liebeslieder als symbolische Darstellung der Liebe Gottes zu seinem Volk interpretierten. Diese Einsicht der Synagoge und der Ekklesia legt uns nahe, über das Verhältnis zwischen der Erotik Gottes und der menschlichen Liebe nachzudenken. Wenn »die Liebe aus Gott ist« und »Gott die Liebe ist« (1 Johannes 4,7–8), dann können wir aus dieser Bestimmung folgern, daß die Liebe, die Menschen miteinander teilen, Teilnahme an göttlicher Liebe ist. Das gilt auch und erst recht, wenn, wie im Buch Esther und im Hohelied, der Name Gottes in auffallender Weise gar nicht vorkommt. Eine Ausnahme im Hohelied bildet vielleicht der Vers 8,6, wo das Wort *salhebetyah* »die Flammen Jahwes« bedeuten könnte.

Zwar begegnet uns keinerlei ausdrückliche Erwähnung Gottes, wohl aber eine tiefe und letztlich religiöse Charakterisierung der Intimität: »Ja, stark wie der Tod ist die Liebe, hart wie die Unterwelt die Leidenschaft.«

Wie kann man die Liebe mit dem Tod vergleichen? Der Vergleichspunkt ist die Macht und Stärke des Todes, insgeheim wohl aber auch Gott als der Herr über Leben und Tod. Diese Idee war Bestandteil des israelitischen Weltbildes, abgeleitet aus Mythen und Erfahrungen. Alte ugaritische Gedichte schildern uns den Kampf, den Baal gegen Mot, den Gott des Todes, aufnimmt. Dieser Krieg der Götter spiegelt sich in der menschlichen Erfahrung des Volkes wider. In seinem alltäglichen Leben erfährt der Mensch, daß alles Leben dem Tod gegenübergestellt ist, ja daß der Tod, wie ein mittelalterliches Kirchenlied singt, selbst das Leben umfängt. Das ist nicht nur in dem Sinne zu verstehen, daß der Tod ein schließlich den Menschen gegenübertretender Feind ist, sondern auch daß es einen »sozialen Tod« gibt, den sie mitten im Leben sterben, den Tod der Beziehungslosigkeit, des Ausgeschlossenseins, der verfehlten Kommunikation, des dumpfen Weiterlebens. Es ist daher keine Übertreibung, wenn der Psalmist darüber jubelt, durch Gott vom Tod erweckt worden zu sein (Psalm 30,4). Liebe wird mit dem Tod verglichen, weil auch sie so mächtig, so das Leben bestimmend ist, bis sie den Geliebten »erfaßt« hat.

Von der »Erotik Gottes« zu sprechen scheint vielen auch heute noch ein völlig unmögliches Unterfangen. Dabei ist schon im Alten Testament ein theologisches Grundproblem, was Gott mit der Sexualität zu tun hat. Auf den ersten Blick mutet diese Frage absurd an. Steht Gott nicht jenseits von jeder sexuellen Bestimmung? Gilt das Verbot, sich Bilder von Gott zu machen, nicht auch hinsichtlich erotischer Vorstellungen und Phantasien?

Israel hat in einer religiösen Umwelt gelebt, in welcher der Sexualität höchste Bedeutung zukam. Es war konfrontiert mit anderen Religionen, die stark geprägt waren von erotischen Energien: Die heilige Hochzeit in Babylonien zum Beispiel war eine symbolische Handlung, in welcher der König sich mit einer Priesterin vereinigte, die Erneuerung der Lebenskräfte sakramental darstellte. Die sexuellen Symbole und Gebräuche der kanaanäischen Religion in unmittelbarer Nachbarschaft Israels haben eine gewisse Faszination auch auf das jüdische Volk ausgeübt – es war wohl ein *fascinosum* und *tremendum*, ein Gefesseltsein und ein Erschrecken über die archaischen Kräfte, die in diesen Ritualen zum Ausdruck kamen. Unmittelbar anschaulich war die Erhöhung der Sexualität ins Göttliche, ihr Verständnis als eine universale Macht. Die Personifizierung der Naturkräfte und des Lebenskreislaufs in Gestalt von Göttern und Göttinnen, die sich sehr menschlich gebärdeten, war von bestrickender Suggestivität. Überall, wo es Leben gab, fieberndes und brennendes Leben, wo Leben aus dem Begehren entstand, vermutete auch Israel göttliches Wirken. Was lag näher, als Gott selbst mit jenen Geschlechtskräften in Verbindung zu bringen, aus der so viel lebenschaffende Kraft erfahrbar wurde? Zunächst jedoch – so der erste, überwältigende Eindruck, den man bei der Lektüre der hebräischen Bibel gewinnen kann – wurde bis auf wenige Ausnahmen die Sexualität aus der Gottesvorstellung radikal ausgeklammert. Jahwe, der Gott Israels, war einzig und wohl auch männlich, und er schien die Frau nicht zu brauchen. Das Verbot, sich von Gott Bilder und feste Vorstellungen zu machen, schloß eine sexuelle Gestalt aus. Und doch gibt die freie Anwendung der sexuellen Symbolik auf Jahwe (Ezechiel 32,2.4; Jeremia 2,32f.; 3,1–5; Jesaja 54; 62) sehr zu denken.

Die Besorgnis alttestamentlicher Theologen, den Gott

Israels auf die Ebene der Fruchtbarkeitsgottheiten zu ziehen, scheint doch nicht so stark gewesen zu sein, wie oft angenommen wird. Wie auch immer: Israel hat die sexuelle Sprache in das theologische Reden von Gott eingebracht, hat seinem Gott Jahwe auch erotische Attraktivität zugeschrieben und geglaubt, daß er unmittelbar auf die Fruchtbarkeit einwirkt und für sie verantwortlich ist. Dieses Gottesverständnis überstieg dazu jede Symbolik, es war sinnlich erfahrbar, auch wenn es einen eigentlichen Fruchtbarkeitskult verständlicherweise nicht übernahm.

Bekanntlich wurde Israel inmitten der Völkerwelt des syrisch-palästinensischen Raumes durch die Besonderheit seiner Religion als ein Fremdkörper angesehen; wir werden darauf noch zurückkommen. Der Glaube an Jahwe trennte dieses Volk nicht nur von den kanaanäischen Stadtstaaten, zu denen ohnehin ein kultureller und sozialer Gegensatz bestand, er unterschied es auch von anderen ethnischen Gruppen, von den Edomitern, Moabitern und Ammonitern. Der Gott Jahwe war von ganz anderer Art als die kanaanäischen Gottheiten, er hatte ursprünglich keine feste Kultstätte und entbehrte auch sonst des Israel so befremdenden sexuellen Wesenszugs der kanaanäischen Götter, einschließlich des ugaritischen El. Dennoch haben wir es hier nicht mit einer geradlinigen Geschichte der Entwicklung von Gottesvorstellungen zu tun, die nur auf Abgrenzung oder Unterscheidung hinausläuft. Die Entwicklung in der Zeit des Königtums verlief beispielsweise so, daß sich die Unterschiede zwischen Israeliten und Kanaanäern – nunmehr in einem Staat zusammenlebend – stark nivellierten, ohne daß eine Einheitsreligion entstanden wäre. Mit wachsendem Unmut beobachteten die Jahwe-Eiferer den Verfall der alten Ordnung, die Relativierung Jahwes, der nun plötzlich neben andere Götter gestellt wurde und seine Exklusivität verlor. Im deuteronomistischen Geschichtswerk (5. Buch Mose, Josua, Richter, Samuel und Könige) wurde die Hauptschuld dafür der aufgeklärten und liberalen Politik des Hofes zugeschrieben. So waren es vor allem die zahlreichen ausländischen Frauen, die Salomo zum Verhängnis wurden. Sie rangen ihm Konzessionen an die Religion ihrer Heimat ab, die in der Zubilligung von Tempeln für ihre Götter einen Höhepunkt fanden (1 Könige 11,7 f.). Im Geschichtswerk war der Kampf der Jahwe-Anhänger gegen die Gefahr einer religiösen Überfremdung durch andere Völker oder synkretistischer Tendenzen Thema Nummer eins.

Salomo galt als Symbolfigur einer erotischen Friedenskultur im Alten Testament, als Friedensherrscher an einem Hof von orientalischer Pracht und Größe, als großer Liebender (vgl. die Zuschreibung des Hohenliedes) und Weiser. Die Tradition erkannte ihm außergewöhnliche Kulturleistungen, Rechtssinn und urbane Lebensweisheit zu. Sein Reich galt als konkret gewordene Utopie einer erotischen Kultur, die Liberalität, Frieden und Kreativität miteinander verknüpfte und in ein messianisches Bild eschatologischer Hoffnungen einmünden ließ. Und doch, darauf macht KURT MARTI aufmerksam, wurde auch Salomo von der biblischen Überlieferung als ein Beispiel mit negativen Zügen dargestellt: »Wenn es damals eine erotische Kultur gab, dann war es eine elitäre Hofkultur. Ihre Blüte war eine Sumpfblüte, entwachsen dem Sumpf feudalistischer Unterdrückung und Ausbeutung des Volkes. Darum brach nach Salomos Tod sofort die Rebellion der Unterdrückung aus, die zur Reichsspaltung führte. Die Lehre der biblischen Geschichtsschreiber ist deutlich: Eine Kultur, erst recht eine erotische, will sie Bestand haben, setzt die Abschaffung jeder Ausbeutung voraus. Partizipieren nicht alle an ihr, kommt nur eine Elite zur Lebenserfüllung, bleibt die Kultur des Eros ephemer.«

Erotik im alten Israel

Das Alte Testament hatte zwar strenge sittliche Grundsätze, aber es betrachtete sexuelle Probleme als etwas durchaus Natürliches. Im Grunde gilt für das Neue Testament das gleiche, und wir können feststellen, daß wir heute von solcher Natürlichkeit im Alltag noch weit entfernt sind. Wo könnte es heute geschehen, daß man/frau so offen wie Paulus in 1 Korinther 7 über sexuelle Fragen in der Gemeinde spricht, so unbefangen wie Lukas 11,27 und 23,29 in einem Predigttext die Brüste der Frau erwähnt? Die Verdrängung sexueller Impulse aus dem Bewußtsein war in der Bibel so wenig bekannt wie in der ägyptischen, mesopotamischen oder syrisch-kanaanäischen Umwelt Israels. So wurde zum Beispiel über die Vorgänge des Zeugens und Gebärens (weit über hundert Stellen im Alten Testament, vgl. Psalm 2,7 und Ezechiel 16,4ff.), die Menstruation (Leviticus 18,19; Ezechiel 18,6; 22,10, als Metapher für die kultische Unreinheit des Landes: Ezechiel 36,17), das Stillen eines Kindes (Genesis 49,25; Hiob 3,12; Psalm 22,10; Jesaja 28,9; Hosea 9,14 u. a.), die Freude an der Sexualität und am erotischen Begehren (Sprüche 5,19; Hoheslied u. a.) völlig unbefangen gesprochen.

Jahwe war der eine-einzige Gott Israels, daher hat dieses Volk die gesamte Natur – Gestirne, Erde, Kreislauf der Natur, das Kommen und Gehen der Generationen – in seiner schöpferischen Hand gesehen. In diesem Zusammenhang und vor diesem religiösen Hintergrund wurde die Sexualität nicht ausgeklammert, mit ihr hatte Jahwe ebenso zu tun wie mit allen anderen Geschehnissen. Sie wurde jedoch selbst nicht vergöttlicht, darin unterschied sich die biblische Sicht grundsätzlich von in der Umwelt des Alten

Testaments vorherrschenden Betrachtungsweisen. Sie unterschied sich darin aber auch von jener Profanierung der Sexualität, wie sie unsere gegenwärtige Zivilisation kennzeichnet, die Gott ganz aus der Erotik ausklammert und dieser jede transzendente Dimension abspricht. Das Begehren, die Lust galt in Israel weder als eine sakrale Kraft, die den Menschen der Gottheit näherbringen könnte (darin ein wesentlicher Unterschied zur Mystik des Mittelalters), noch als ein unheilvolles, hochmoralisches oder gar dämonisches Phänomen. Das jahwistische Geschichtswerk sah in der Sexualität ein Element der Schöpfungsordnung, im Verlust der Unbefangenheit eine Folge des Sündenfalls (Genesis 2,24 f.). Die Unbezwingbarkeit des Eros, die das Hohelied besingt (vor allem 8,6 f.), beruhte auf dem von Gott gegebenen Naturgesetz, nachdem ein Mensch »Vater und Mutter«, das etablierte Gefüge der alten Familie, verläßt und eine neue Bindung eingeht (Genesis 2,24). Die Kraft des Erotischen behielt ihre schöpferische Funktion: Sie führte zu einer neuen Gemeinschaft, und sie ließ neues Leben entstehen.

Obwohl man den Israeliten gewiß nicht nachsagen kann, daß sie prüde und lustfeindlich gewesen sind, gab es in ihrem Zusammenleben doch offensichtliche Schranken und Tabus. Das Schamgefühl ist ein Indiz, daß sie sich scheuten, unbekleidet in der Öffentlichkeit zu erscheinen. Es galt nicht unbedingt als obszön, war also kein moralisches Problem, aber als entehrend, sich »bloßzustellen«. Ein Beispiel: Michal, die Tochter des Königs Saul, empfand es als würdelos, daß ihr Mann David sich beim Tanzen vor der Bundeslade »vor den Mägden seiner Knechte« ausgezogen hatte (2 Samuel 6,20). Anders urteilte der biblische Erzähler, der ganz eindeutig für den König Partei ergriff und mit seinen Taten sympathisierte. Ob David allerdings wirklich nackt getanzt hat – als Ausdruck der

Freude oder als gleichsam kultischem Akt, mag dahinge-
stellt bleiben –, oder ob Michal in ihrem Ärger übertrieben
hat, geht nicht eindeutig aus dem Text hervor. »Nackt«
wurde oft auch in dem Sinn gebraucht, daß jemand nur ein
Unterkleid trug, wie der Prophet Jesaja, als er eine Zeit-
lang auf Befehl Jahwes nur mit einem Untergewand beklei-
det herumlief (20,2 f.). Davids Antwort jedenfalls, er wolle
an diesem Ehrentag wie einer von den einfachen Leuten
sein (V. 22), spricht dafür, daß es sich hier nicht in erster
Linie um Sexualmoral handelte. Michal wird wohl gemeint
haben, daß Davids Verhalten einem König *nicht* angemes-
sen gewesen sei.

Sexualität ist im alten Israel durchweg als gute Gabe verstanden worden, die Jahwes Schöpfung entspricht. Mit ihr
war Lebensfreude verbunden, die zur Sinnerfüllung des
Lebens beitrug. Sexuelle Enthaltsamkeit wurde allenfalls
zeitlich begrenzt im Rahmen kultischer Rituale geübt; die
Askese war dem alttestamentlichen Denken und Leben
fremd.

Angesichts der geringen Bedeutung, die den Frauen gegenüber den Männern im Jahwe-Kult zukam, sind zwei
Texte des Alten Testaments besonders interessant. In ihnen ist ausdrücklich von Frauen die Rede, die am israelitischen Heiligtum »dienen« (1 Samuel 2,22; Exodus 38,8).
Sie geben uns einen Hinweis darauf, daß es weibliches
Kultpersonal an Heiligtümern Jahwes, vermutlich auch
kultische Prostitution gegeben haben muß. Dieses
Brauchtum sakraler Erotik hat im Deuteronomium schärf-
ste Kritik gefunden, so in der Kultreform des judäischen
Königs Josia (622 v. Chr.), die sich im wesentlichen gegen
die synkretistischen Einflüsse auf die Religion Israels rich-
tete. Besonders bei der sakralen Prostitution wurde die ka-
naanäisch-ugaritische Göttin Aschera genannt, die uns
noch mehrmals beschäftigen wird; sie wurde von israeliti-

schen Frauen und wohl auch Männern verehrt. Diese lebten in besonderen Häusern (2 Könige 23,7) und standen für einen sexuellen Fruchtbarkeitsritus zur Verfügung, dem eine imitativ-magische Bedeutung beigemessen wurde.

Eine andere Form von sakraler Prostitution als die, welche in diesen Häusern der Göttin Aschera von Frauen ständig ausgeübt wurde, war das sogenannte Keuschheitsopfer: Während einer bestimmten Zeit brachten Mädchen durch erotische Hingabe in einem Heiligtum ihre Unberührtheit als Opfer und Weihgabe an die Fruchtbarkeitsgottheit dar. Wir dürfen angesichts der im alten Orient weit verbreiteten sakralen Prostitution nicht von unseren profanen Vorstellungen ausgehen. In Israel selbst war übrigens eine Wandlung zu beobachten: In der Frühzeit fand der Verkehr mit einer Dirne noch keine Mißbilligung, während der sexuelle Kultakt mit einer Tempeldirne, einer Kedesche, später unter das Verdikt des Götzendienstes fiel. Zweifellos aber hat es auch nicht-sexuelle kultische Dienste von Frauen an Jahwe-Heiligtümern gegeben. Die unterschiedliche Beurteilung des Verkehrs mit einer Prostituierten – wie sie zum Beispiel einmal in der Simsongeschichte, zum anderen in der Weisheitsliteratur zum Ausdruck kam – läßt den entscheidenden Wandel im Ethos des Alten Testaments erkennen. Der frühalttestamentliche Mensch hatte ein ungebrochenes Verhältnis zur Sexualität, die Erotik war für ihn eine gottgegebene Naturkraft. Erst mit der Herausbildung eines zunächst pragmatischen, bald aber auch ethischen Weisheitsideals erschien Sexualität als etwas, das gewisse Gefahren mit sich brachte, das unter Kontrolle zu halten war. Je ausgeprägter die Jahwe-Religion wurde, je stärker sie sich in der Abwehr erotischer Fruchtbarkeitskulte Kanaans auf die monotheistische Verehrung des einen-einzigen Gottes konzentrierte, um so deutlicher wurde auch die Sexualität domestiziert. Von der späteren ausgesprochenen Sexualfeindschaft und Leibfeindlichkeit des Christentums sind wir allerdings noch Lichtjahre entfernt. Sie begann erst, als die christliche Religion den Leib-Seele-Dualismus von PLATON übernahm. Dem gesamten Alten Testament war – bis auf sehr wenige Ausnahmen, vgl. das Buch Tobit – die Vorstellung noch völlig fremd, die Sünde hafte primär dem Körper und damit in besonderer Weise der Sexualität an, während Seele und Geist die »höhere Natur« des Menschen darstellten.

Erotik in der religiösen Umwelt Israels

A ber werfen wir noch einen Blick auf die religiöse Umwelt Israels – Mesopotamien, Ägypten und Kanaan –, bevor wir uns der spannenden Auseinandersetzung des jüdischen Volkes mit den erotischen Energien der kanaanäischen Religion zuwenden.

Von Sklavinnen abgesehen, hat die Frau in *Mesopotamien* – wie in Ägypten, so auch bei den Sumerern und Babyloniern – in einem verhältnismäßig hohen Ansehen gestanden. In zahlreichen Texten, die uns aus dem Zweistromland überliefert sind, können wir anschauliche Belege dafür finden, daß babylonische und assyrische Frauen nicht nur im Rang der Hausherrin unangefochten waren, sondern auch selbständig Geschäfte abwickelten, prozessierten und als Zeugen vor Gericht auftraten. Nach ägyptischem, sumerischem und babylonischem Recht konnte sich eine Ehefrau unter Umständen von ihrem Mann scheiden lassen und sich damit seiner patriarchalischen Gewalt entziehen. Der Frau wurde in dieser für ihre Zeit recht fortschrittlichen Rechtsauffassung Mesopotamiens ein gewisser eigenständiger Persönlichkeitswert und ein eigenes Recht zugestanden. Ihre Bedeutung erhielt sie nicht erst dadurch, daß sie die Wünsche des Mannes erfüllte. Außer den »freien Frauen« und den Sklavinnen gab es im alten Mesopotamien noch zahlreiche in verschiedene Klassen eingeteilte Priesterinnen (Hierodulen), die Beziehungen zum Fruchtbarkeitskult hatten, deren Schoß als eine Weihgabe galt (wenn sie höher standen) oder die sich auf sakrale Prostitution beschränkt haben (wenn sie in niederen Gruppen lebten). Diese Hierodulen, die ihr Amt in Verbindung mit einem Kult ausübten, sind von den profanen Dirnen, wie es sie etwa in den Bierschenken gab, zu unterscheiden.

Die Fruchtbarkeitskulte hatten für die Bewohner des Zweistromlandes eine besondere Bedeutung. Diese religiös-erotischen Handlungen versuchten auf symbolische, imitativ-magische Weise, auf die Götter einzuwirken. Im Ritus der Heiligen Hochzeit (*hieros gamos*) stellte die Hohepriesterin – als die oberste Hierodule nicht selten königlicher Herkunft – die Braut des Gottes dar und vollzog mit dem König oder seinem Stellvertreter die sexuelle Vereinigung. Der erotische Fruchtbarkeitskult sollte die Teilnahme des Menschen am Geschick der Naturgottheiten gewähren. Das wird nicht nur aus dem kultischen Trauerritus um den Vegetationsgott Tammuz, sondern auch aus dem Mythos vom Abstieg der Ischtar ins Reich der Toten ersichtlich: Während ihrer Abwesenheit gibt es in der Welt keinen Zeugungsvorgang. Wie das Schicksal der Gottheit sich in Natur und Mensch widerspiegelt, so kann auch der Mensch durch Rituale und Verhalten auf die Götter einwirken, die Naturkräfte beeinflussen und steigern: »Magisch ist der Wunsch, durch den Vollzug der Vereinigung die Fruchtbarkeit aller Lebewesen im Lande zu sichern und den Verlust der Kraft, zu zeugen und zu gebären, zu verhindern. Des Sinnesgenusses dabei erfreut man sich; die kultische Prostitution wird aber auch zur damals verurteilten gewerbsmäßigen Prostitution, wenn die religiös-magischen Motive ganz zurücktreten oder gar nicht mehr ernst genommen werden« (RGG³). Ohne soweit zu gehen, jede Zeugung in Mesopotamien kultisch zu begreifen, wurde die Sexualität doch religiös verklärt, erhielten in den Tagen ekstatischer Feste und Freuden erotische Energien religiösen Ausdruck – und umgekehrt.

Durch die Identifizierung mesopotamischer Gottheiten mit der Fruchtbarkeit wurden im Zweistromland Religion und Sexualität eng miteinander verbunden, was etwa jährlich im *hieros gamos* einen Höhepunkt fand. Man darf die religiöse Welt des alten Mesopotamien nicht nur aus den Urteilen der Bibel verstehen, die den alten Orient als einen Bereich schrankenloser Unzucht diffamiert hat.

Auch in *Ägypten* war die Einstellung zur Sexualität durchweg positiv. Die natürliche Haltung, die man sexuellen Problemen gegenüber einnahm, ist dem »zivilisierten Abendland« weitgehend verlorengegangen. Die Ägypter verstanden, die erotische Liebe zwischen Frau und Mann spielerisch zu kultivieren, sie waren Meister darin, wenn auch die kultische Orgiastik nicht die große Rolle spielte wie in Mesopotamien. Nur der Kult der Muttergöttin Hathor trug deutlich erotische Züge, Tänzerinnen und Sängerinnen begleiteten ihn. Zu diesem Kult gehörten Versteckspiele, die vor allem im Papyrusdickicht stattfanden (durch das Rascheln des Papyrus wurde die Göttin erfreut). Überhaupt sind Spiele zwischen jungen Männern und Mädchen, Lustfahrten und Verkleidungen im Neuen Reich (1552–1070 v. Chr.) außerordentlich beliebt gewesen, und nicht selten war bei diesen Liebesspielen – ähnlich wie im alttestamentlichen Hohenlied – das Mädchen der aktivere Part. Poetische Lieder gaben dieser erotischen

Sehnsucht Ausdruck, wir werden darauf im Kapitel über das Hohelied noch zurückkommen. Die Kleidung diente dem Lustempfinden, sie schützte gefühlsvertiefend vor der Direktheit der Begegnung. Es gab beides – unbefangene Nacktheit und raffiniertes Spiel: Während des Festmahls suchten Tänzerinnen mit durchsichtigen Gewändern bewußte Effekte zu erzielen und die erotische Spannung zu steigern.

Der höfische Stil des Neuen Reiches führte zu freieren Sitten, die ausgeprägte Erotik Ägyptens, in der man den Ausdruck einer Humanisierung sexueller Impulse erkennen kann, wurde üppig und ausladend.

Im alten Ägypten, einem Land mit einer langen kontinuierlichen Entwicklung, war der König eine unangefochtene, zentrale Gestalt, ausgestattet mit göttlicher Macht und Würde, aber auch verpflichtet auf ein sozialförderndes Verhalten. Er war als »lebender Horus« Sohn des Sonnengottes, Repräsentant, oberster Priester und Rechtsprecher, von dessen Wohlergehen Segen und Fruchtbarkeit des Landes wesentlich abhingen, aber er war kein absolutistischer, despotischer Herrscher. Wie Götter und Menschen auch war er der *Maat* unterworfen, einem weiblichen Symbol von Recht, Gerechtigkeit und Wahrheit, der Grundlage allen Seins, der Göttin des Lebens. Der Pharao mußte *Maat* selbst in seinem Handeln zum Ausdruck bringen; seine Gottnatur darf nicht überschätzt werden. Erst mit seinem Tod kam ihm ein eigener Kult zu.

Die erotische Kultivierung der Sexualität wurde in Ägypten zur vollen Blüte gebracht; sie war von einer bezwingenden Faszination und enthielt ein Konzept von Weisheit, dem sich auch das ansonsten auf Abgrenzung bedachte Israel nicht völlig entziehen konnte: Aus manchen Texten des Alten und Neuen Testaments läßt sich durchaus eine gewisse Bewunderung dieser erotischen

Weisheit herauslesen. Die Weissagung des Jesaja vom Untergang der Götterwelt Ägyptens (19,16–25) hat sich inzwischen in der Geschichte erfüllt. Geblieben ist die Erinnerung Israels an notvolle Jahre unter dem Pharao, aber auch die Reminiszenz an die kulturelle Überlegenheit Ägyptens, die in manchen ägyptischen Einflüssen auf die Jahwe-Religion noch heute erkennbar ist.

Der *syrisch-kanaanäische Raum* überschneidet sich mit den mesopotamischen und ägyptischen Hochkulturen. Die Nähe, aber zugleich auch der Abstand der biblischen Vorstellungen und Brauchtümer zu den westsemitischen Kultformen und Sitten ist bei der Erforschung der Umwelt des Alten Testaments auf Schritt und Tritt zu spüren. Zu den Völkern der Phönizier, Aramäer, Moabiter, Ammoniter und den Beduinen des Negev hatte Israel teils verwandtschaftliche, teils nachbarliche Beziehungen entwickelt, während die kanaanäische Stadtbevölkerung als fremdartig empfunden und entsprechend angefeindet wurde. Der Fruchtbarkeitskult vor allem, verbunden mit der Göttervorstellung Kanaans, war ein ständiger Stein des Anstoßes.

El war eine bei den Semiten weit verbreitete Gottesbezeichnung, die uns auch aus dem Alten Testament vertraut ist, obwohl er in Kanaan deutlich andere Züge trug als der später mit Jahwe identifizierte El der Bibel. Er wurde anthropomorph geschildert, entsprach durchaus den Leidenschaften und Schwächen der Menschen. Wahrscheinlich war der Göttervater El – wie Baal – selbst ein sexuell aktiver Fruchtbarkeitsgott. Er galt als Mann einer Göttin, die von Israel besonders heftig angefeindet und bekämpft wurde: Aschera. In Kanaan war Baal ein jugendlicher Vegetationsgott, der als Urheber aller Fruchtbarkeit verehrt wurde, als Regen-, Gewitter- und Ackergott, der auf Höhen, an Wasserquellen und in markanten Bäumen residierte. Als »Wolkenreiter« – ein Titel, den Psalm 68,5 auf Jahwe übertrug – wurde dieser die Erdmutter befruchtende Gott mit einem Blitz in der Hand abgebildet. Wenn die Sommerhitze den Regen endgültig vertrieb, mußte Baal seine Herrschaft an den Todesgott Mot abtreten. Er wurde in die Unterwelt verbannt, und die Frauen, die ihn liebhatten, trauerten um ihn wie um Tammuz in Babylon. Mit dem Frühregen im Oktober erwachte Baal dann wieder zu neuem Leben, seine Thronbesteigung wurde in Kanaan als Neujahrsfest gefeiert.

Kanaan kannte einen ausgeprägten Götterkosmos, in dem weibliche Göttinnen – die Muttergottheit Aschera, dann Baals Schwester Anat, und Astarte, die in späterer Zeit auch mit Aschera selbst identifiziert wurde – eine überragende Rolle spielten. Zusammen mit El bildete Aschera die mächtige Spitze des ugaritischen Götterpantheons. Sie galt als »Große Mutter«, als Urgrund allen Lebens, Symbol der Fruchtbarkeit. Israel hat aus dem kanaanäischen Volksglauben vieles synkretistisch integriert, vor allem den Aschera-Kult, in dem das ewige Leben im Kreislauf der Natur versinnbildlicht und gefeiert wurde. Aschera repräsentierte dieses Geheimnis, daß das Leben eine Kontinuität hat, sich immer wieder erneuert, in der Natur ebenso wie in der Fruchtbarkeit der Frau, daß das vegetative Werden und Vergehen Sinnbild auch für das Erwachen neuen Lebens im Mutterleib darstellt. Vielleicht haben die Israelitinnen und Israeliten diesen Zug an Jahwe besonders vermißt, das elementare, kreatürliche Geheimnis, die Wirkmächtigkeit in der erotischen Feier des Lebens.

Astarte hingegen war die jugendliche Liebesgöttin, Schutzgottheit auch der Kedeschen, die in ihrem Dienst standen, Verkörperung der ambivalent erlebten Sexualität und des erotisch-kultischen Rausches. Man könnte sagen, daß Aschera die Funktion der Schutzgöttin über das alltägliche Leben und den Zyklus der Jahreszeiten übernahm, Astarte hingegen an festlichen Höhepunkten des Lebens, ungebändigt von Alltagsrealitäten, in den Augenblicken der Kultekstase präsent wurde. Den jungen Frauen, nicht nur den Kedeschen, war es Pflicht und Ehre zugleich, dieser Göttin zu dienen. Auch in Kanaan gab es Hierodulen, sakrale und kultische Prostitution als ständige Einrichtung, geweihte Mädchen und Frauen, die ihre Keuschheit in einem Initiationsritus opferten. Die Feste des Höhenkultes waren Kulminationspunkte weiblichen Erlebens, das auch das Begehren der Männer herausforderte, die sich ihrerseits verführen ließen von der Intensität der erotischen Leidenschaft, die in diesem Kult zum Ausdruck kam. Die bräutlichen Initiationsriten waren für die jungen Kanaanäerinnen und Israelitinnen ein Schritt, der Gottheit näherzukommen: in der Ekstase, die durch Wein, Musik und Sexualität eine gute, gerechte und heilige Sache war. Wir sind heute leicht geneigt, diese Expression weiblicher Volksreligiosität unter der Dynamik des Trieblebens zu klassifizieren, aber sie entzieht sich solchen Etikettierungen schon allein dadurch, daß die emotionale Extraversion nichts Individuelles im modernen Sinn an sich hat, sondern immer auch Gemeinschaft begründet, in einer kosmischen, zentrierenden Erfahrung von Ort, Zeit und Ritus.

Die Manifestationen der Macht der Astarte spiegelten sich vulgär, volkstümlich, unreflektiert im religiösen Erleben der Frauen wider, aber es war nichts Illegales oder Schamverdrängendes darin. Ungetrübt war das Vergnügen nicht, es war willkommene und genossene Freiheit ebenso wie lästige Pflicht. Diese Ambivalenz müssen wir im Blick behalten, wollen wir nicht der Versuchung erliegen, die Fruchtbarkeitsrituale und Festpromiskuität Kanaans zu glorifizieren oder zu verdammen.

Ohne daß wir uns auf die Zeugnisse und Schilderungen der kanaanäischen Religion im Alten Testament allein stützen können, dürfen wir annehmen, daß die Sitten lockerer und freier gewesen sind als bei den jahwetreuen Israeliten. Sie waren in Verbindung mit den stark erotisch gefärbten Kulten der ugaritischen Religion eine ständige Herausforderung für Israel, die uns am deutlichsten im Buch des Propheten Hosea begegnet.

DRITTER TEIL

Gottes verwundbare Liebe

Die Liebesgeschichte des Propheten Hosea

Die Priester gehen mit den Dirnen
und feiern mit ihnen Opfer.
So kommt das unwissende Volk zu Fall.
Auch wenn du, Israel, zur Dirne wirst,
so soll sich doch Juda nicht schuldig machen.

HOSEA 4,14–15

Das Buch des Propheten Hosea bringt uns eine Liebesgeschichte ganz besonderer Art nahe, die wegen einer Metapher berühmt und berüchtigt geworden ist: Die Intimität zwischen Frau und Mann wird zum Symbol für das Verhältnis zwischen Gott und seinem Volk. Die Zuwendung Israels zu anderen Göttinnen und Göttern wird verglichen mit dem Treuebruch, der »Hurerei« einer Ehefrau, die ihren Liebhabern nachläuft. Unermüdlich, in immer neuen Bildern, offenbart sich Jahwe in der Rede des Propheten als der närrisch verliebte Gott, der von seinem unbedingten Anspruch nicht lassen will. Die Metaphorik und der Bilderreichtum der Liebessprache Jahwes zeigt in blühenden Bildern die Intensität und Leidenschaftlichkeit, aber auch die Abgründigkeit dieser Zuwendung Gottes zu den Menschen. Wie kommt es, daß gerade die Propheten, und hier besonders Hosea, dieser Sprache Ausdruck gegeben haben? Was ist die Geschichte, in wenigen Strichen angedeutet?

Das Drama als Short story

Der Prophet Hosea heiratet auf Befehl Jahwes, seines Gottes, das »hurerische Weib« Gomer. Sie bringt drei Kinder zur Welt (Sohn, Tochter, Sohn), denen Hosea, wiederum auf Weisung Gottes, symbolische Unheilsnamen gibt. Im Kapitel 3 befiehlt Gott dem Propheten, eine Ehebrecherin zu lieben; Hosea kauft diese Frau und sperrt sie zu Hause ein. Daß es sich um Gomer handelt, wird nicht ausdrücklich erwähnt, kann aber als wahrscheinlich gelten. Diese symbolische Handlung drückt aus, daß Jahwe mit seinem Volk ebenso verfahren wird, bis es bereit ist,

umzukehren. Kapitel 2,4–25 enthält nun eine große Bild-
rede, die teils die Form eines Rechtsstreits hat (Prozeß gegen eine Frau wegen Ehebruchs), in dessen Verlauf deutlich wird, daß Jahwe selbst es ist, der das Volk Israel an-
klagt. Im Kapitel 4 schließlich klagt Hosea die Priester als
Verführer des Volkes, aber auch Israel selber an. Die eigen-
süchtigen, materiellen Interessen der Priester, die fehlende
Gotteserkenntnis sind schuld daran, daß das Volk »ver-
stockt« und sich im Höhenkult von Jahwe abwendet. Der
Vorwurf an das Volk lautet: kultische Verkommenheit, die
dazu führt, daß es in verschiedenen Sexualriten »anderen
Göttern nachhurt« (3,1).

Dieses Skript liefert in wenigen Linien die Skizze, aber
sie macht noch nicht deutlich, warum Hosea so handelt,
was seine Beweggründe sind. Was hat ihn eigentlich so er-
zürnt und aufgeregt? Der religionsgeschichtliche Kontext
ist wichtig, um diesen Zorn überhaupt zu verstehen und
die tieferen Hintergründe zu begreifen. Ich folge in einigen
Teilen der sehr aufschlußreichen Studie von HELGARD
BALZ-COCHOIS, die religionsgeschichtliche, theologische
und feministische Einsichten zu einer aufregenden Auslegung des Hoseabuches verknüpft hat.

Die Orgie auf den Höhen

Hosea ist ein typischer Prophet der Jahwe-Religion,
dem der israelitisch-kanaanäische Synkretismus ver-
dächtig erscheint: »Israel feiert Feste mit Tieropfern und
Räucherwerk, mit Orakelbefragung und berauschenden
Getränken (Hos 4,11–12), auf baumbestandenen Höhen,
die in der Sommerhitze angenehm schattig sind (4,13a).

Während dieser gottesdienstlichen Feste, als ihr integraler Bestandteil neben den Opfern und unter maßgeblicher Beteiligung des männlichen und weiblichen Kultpersonals, finden auch sexuelle Kontakte zwischen den anwesenden Männern und Frauen statt (4,13b–14) – für Hosea eine solche Ungeheuerlichkeit, daß er sie sich mit immer nur den gleichen Worten von der Seele reden muß. Denn sie verweist auf das Grundübel in Israels Verhältnis zu seinem Gott Jahwe und ist sein vielleicht sprechendster Ausdruck: In Israels rauschenden Kultfeiern ist für Hosea nicht Jahwe gemeint, sondern Baal; indem man nämlich Jahwe als ›meinen Baal‹ anruft (vgl. Hos 2,18) und ihn durch solche Feiern ehrt, hat man ihn de facto durch Baal verdrängt. Von diesem Baal wird Leben im umfassenden Sinn erwartet, er gilt als Garant der Vegetation, das Gedeihen der Tiere und auch der menschlichen Nachkommenschaft als Voraussetzung für Wohlstand und politische Stärke. In Hoseas Augen setzt Israel damit auf falsche Karten. Seine gesamte Prophetie, vor allem aber die ersten drei Kapitel des Buches dienen dem Aufweis, daß Israels Verhalten das einer Hure ist, die fremden Männern nachläuft, statt bei ihrem Mann zu bleiben, der sie liebt, und daß dieses Verhalten, das der Lebenssicherung dienen soll, in die sichere Katastrophe führt.« Ich habe MARIE-THERES WACKER deshalb so ausführlich zitiert, weil sie sehr schön das Grundproblem der Prophetie Hoseas wiedergibt. Kanaan hatte eine vielschichtige Stadtstaaten- und Agrarreligion, war also nicht nur auf Natur und Fruchtbarkeit fixiert. Der bäuerliche Höhenkult war eine Art Volksreligion, eine Frömmigkeit des Volkes, die in Form von Initiations- und Fruchtbarkeitsriten um den Segen der Großen erotischen Göttin Aschera bat. Die Dorfgemeinschaft feierte mit Rauch und Opfer, Most und Wein, geweihten Rosinenkuchen, aber auch in einer orgiastischen Promiskuität, im sexuellen Verkehr mit Kedeschen und »Fremden«, zu Ehren der volkstümlichen Astarte. HELGARD BALZ-CO-CHOIS nimmt an, daß diese kultischen Feiern nicht nur den Kedeschen – als Repräsentantinnen der Astarte –, sondern auch Bräuten und Ehefrauen eine sexuelle Freiheit gestattet haben, die den Normen des alltäglichen Lebens nicht entsprachen. Feministisch gelesen, müssen sowohl Festpromiskuität als auch Initiationsriten das patriarchalische Eherecht empfindlich durchbrochen haben.

Die Aussage und Bedeutung des Hoseabuches soll anhand der drei zentralen Figuren Gomer, Hosea und Jahwe/Gott entfaltet werden, weil jede dieser drei »Gestalten« in einem gemeinsamen Spiel begriffen ist, das bestimmte Rollen und Verhaltensweisen aufweist. Dieses Spiel kann weder nur unter dem Titel »Ehestreit im Hause Hosea« noch allein unter »Konflikt um den wahren Gott« bezeichnet werden. Kennzeichnend ist ja gerade, daß es auf lebendigen Interaktionen beruht, verschiedenen Motivationen und Interessen entspringt und erst zum Schluß in eine eschatologische Gesamtperspektive führt. Darum die folgenden »Rollenbücher«.

Gomer, von Astarte fasziniert

Wer ist Gomer? Allzuviel erfahren wir nicht von ihr, und das wenige, von dem wir Kenntnis erhalten, ist durch die sehr subjektive Sicht des Hosea vermittelt und in seiner Ursprünglichkeit nicht zu rekonstruieren. Um so wichtiger sind die feministischen Versuche, Gomer zum Sprechen zu bringen, ihre Geschichte zu erzählen, sie aus ihrem Schweigen zu erlösen. Wir müssen aus diesem

Grund die gewohnte theologische Perspektive wechseln, bereit sein, jenseits der geläufigen und bekannten theologischen Resümees die Geschichte dieser Frau von ihrem möglichen Blickwinkel und aus ihrer Erfahrungsrealität heraus einfühlsam zu verstehen.

HELGARD BALZ-COCHOIS hat dichterische Freiheit als Erlösung aus dem Schweigen begriffen und in ihre Auslegung des Hoseabuches einen »Eheroman Gomers« eingeflochten, der nicht nur plausibel und nachvollziehbar mitzuteilen versucht, was die Realität dieser Frau gewesen sein könnte, der zugleich auch die Voraussetzungen einer feministischen Auslegungskunst jenseits erstarrter Wissenschaftsmethodik bildet. Ich zitiere diesen Eheroman in seiner vollen Länge, weil er keine Kürzung verträgt, ohne an Ernst, Charme und Prägnanz zu verlieren:

»*Gomer, die Tochter eines Diblaim, wird als heiratsfähiges Mädchen bei einem Höhenkultfest initiiert: Ein Priester oder ein fremder Kultgast defloriert sie, und damit ist sie eingeweiht und »präpariert« für die Ehe. Sie hat die Tradition der Mütter und das Gesetz der Großen Mutter respektiert. Es blieb ihr auch nichts anderes übrig.*

Gomer weiß nicht, was sie mit ihrer Anwesenheit bei den Höhenkultfesten bei einem gewissen Hosea ben Beeri anrichtet. Den scheint zwar ein unbestimmtes Unbehagen von aktiver Teilnahme fernzuhalten; aber er kommt trotzdem immer wieder und drückt sich am Rande herum mit ein paar Freunden, die wie er nicht direkt zur Dorfgemeinschaft gehören: Sie ziehen mit ihrem Kleinvieh und ihren altväterlichen Traditionen in der Gegend umher, wie einst Vater Abraham, und siedeln nur zeitweise und ein wenig außerhalb. Diese Leute sind etwas zurückgeblieben, sie können sich dem bäuerlichen Leben nicht so recht anpassen und leben noch ärmlicher als das übrige Landvolk. Es gibt da levitische Elemente unter ihnen, auch ein paar propheti-

sche von der Art der alten Orakelgeber, und schließlich Rekabiter, Nachkommen derer, die damals mit Jehu gemeinsame Sache machten, um der Omriden paritätische Religionspolitik über den Haufen zu werfen...

Als dieser Hosea sie zur Ehe haben will – Gomer weiß nicht recht, wie er dazu kommt, aber sie findet ihn ganz annehmbar – und ihr Vater nichts dagegen hat, heiratet sie halt diesen sonderbaren Heiligen, ohne zu ahnen, was ihr in der Ehe bevorsteht.

Zunächst einmal fällt ihr auf, daß seine Freunde sie recht sonderbar behandeln, so als sei sie nicht ganz normal, oder besser: so als sei Hosea nicht ganz normal. Sie schütteln den Kopf, sie murmeln Mißfallen – wie kann er nur! ›Eine solche‹ zur Frau nehmen! Ein böses Zeichen, wenn es wirklich Jahwes Wille ist! Das bedeutet Unheil für ganz Israel. Bei der nächsten Festgelegenheit will Hosea ihr verbieten, mit zur Kulthöhe zu ziehen; aber die Nachbarinnen nehmen sie einfach mit, und Hosea muß sie ziehen lassen. ›Hurenweib!‹ rufen seine Freunde ihr nach. Sie wendet sich verwundert um; sie versteht nicht, was sie meinen und wen sie meinen. Einige Zeit später, als die Opfermahlzeit schon in vollem Gange ist, erscheint Hosea samt seinen Freunden auch auf der Kulthöhe, und da wird es klar, daß er sich von Jahwe berufen fühlt, dem Volke und den Priestern die Leviten zu lesen. Er redet erregt über die ›Hurerei‹ auf den Höhen und die zu erwartende Strafe. Die Leute lachen; einige sind verärgert, andere schlicht verwundert. Gomer weiß nicht, was sie denken soll. Im Grunde will sie auch gar nicht denken, sie will das Fest genießen. Und das wollen schließlich alle anderen auch. So wird Hosea ganz von selbst zum Schweigen gebracht, denn das Volk findet ihn nicht interessant genug und wendet sich den Festinteressen zu, und Gomer vergißt den Zwischenfall auch.

Innerhalb Jahresfrist wird das erste Kind geboren, Segen

der Aschera und dazu noch ein Sohn. ›Jesreel‹ nennt ihn der Vater (ob er nun der Vater ist oder nicht). Ein schöner Name, denkt Gomer und denkt an die wogenden Getreidefelder der weiten fruchtbaren Ebene, wo El selber sät und Aschera so reichlich Segen spendet, Jahr für Jahr. Sie ahnt nicht, daß für Hosea und seine Freunde dieser Name eine ganz andere Bedeutung hat, politisch und unheilvoll. Als das nächste Kind, eine Tochter, geboren wird, gibt Hosea, der weiterhin als Prophet auftritt mit seiner monotonen Botschaft von der ›Hurerei‹ Israels und mit allerlei Strafgerichten Jahwes droht, diesem Mädchen den Namen ›Unerbarmt‹; soll besagen: Jahwe wird sich seines Volkes fürderhin nicht mehr erbarmen. Doch Gomer versteht: Der Vater wird sich um dieses Kind nicht kümmern, er wird es unversorgt lassen und verkommen lassen. Diese Tochter wird keine Gnade in seinen Augen finden. Vielleicht, weil für ihn klar ist, daß dieses Kind nicht von ihm sein kann – Gomer nimmt ja weiterhin an der Festpromiskuität des Höhenkultes teil. Weiß sie selbst, von wem dieses Kind ist? Wozu eigentlich? Eines ist doch klar: Es ist auf jeden Fall ihr Kind; und Kind ist Kind, und Mann ist Mann, und es ist ihr gutes Recht, Aschera und Astarte zu verehren neben diesem Jahwe, der doch im Grunde nur ein Gott für Männer ist. Gomer geht den Weg ihrer eigenen Frömmigkeit; die Art und Weise, wie sie Religion erlebt und was ihr Religion bedeutet, ist eben anders als das, was ihr Eheherr Hosea sich darunter vorstellt und für richtig hält. Gomer ist ja im Ehealltag eine brave Frau, die sich so ziemlich alles gefallen läßt, weil ihr gar nichts anderes übrigbleibt. Aber an den Festtagen ist eben alles ganz anders. Da kann sie den mühsamen Alltag und die nicht gerade erquickliche Ehe mit diesem Hosea vergessen.

Aber schließlich kommt da noch ein drittes Kind, nachdem sie die arme ›Unerbarmt‹ entwöhnt hat, und auch dieses Kind muß als Mittel zum Zweck herhalten: Mit dem Namen ›Nicht-mein-Volk‹ will der Prophet Jahwes die völlige Verstoßung des Volkes zum Ausdruck bringen. Seine Freunde nicken Beifall: Ja, so schlimm stehen die Dinge; die Ehe dieses Propheten und die Namen seiner Kinder sind wahrlich Zeichen und Vorbedeutung, auch wenn das Volk sie nicht ernst nimmt, ja, Mühe hat, sie überhaupt zu verstehen. Gomer aber – und hier muß die Rekonstruktion einen besonders tiefen Atemzug dichterischer Freiheit schöpfen – hält es nun wirklich nicht mehr aus im Hause dieses Jahwepropheten. Sie verläßt Hosea, und keiner verdenkt es ihr; denn: ›Ein Narr ist der Prophet, verrückt der Geistesmann‹ (Hos 9,7). Keiner verdenkt es ihr, außer einem: Hosea selbst. Seine Reaktion auf Gomers Weggehen ist der Große Eifersuchtsmonolog, der in der Utopie der Versöhnung endet. Doch das steht auf einem anderen Blatt, von dem Gomer auch keine Ahnung hat.

Gomer also geht auf und davon – allein oder mit den Kindern? Die Kinder gehören ja rechtlich dem Vater. Aber vielleicht nimmt sie die drei- oder vierjährige Tochter mit, um die sich ja der ›Vater‹ doch nicht kümmern will. Für den neuen Säugling dagegen könnte er ja eine Amme finden; oder nimmt sie den besser auch mit? Sie geht jedenfalls; aber wohin? Zurück zur Mutter, zum Vater? Oder gleich zu den Kedeschen? Oder muß sie sich als Magd verdingen, als Sklavin anbieten, vielleicht bei einem, der sowieso schon Interesse an ihr hat, vom Höhenkult her? Sie wird jedenfalls ›die Geliebte eines anderen‹ (Hos 3,1) und damit auch zivilrechtlich eine Ehebrecherin, die sie vorher nicht war, denn Teilnahme an der Festpromiskuität bedeutet ja nicht Ehebruch im profanrechtlichen Sinne. Nun ist sie also eine Ehebrecherin, und sie ist weiterhin abhängig, nur anders.

Da kommt nach einiger Zeit eines Tages dieser Hosea wieder an und will sie zurückkaufen. Er braucht sie für

eine neue Symbolhandlung. Die hat er sich nicht einfach so
ausgedacht. Da sind wieder, wie schon bei seiner Berufung,
sehr komplizierte Dinge in ihm vorgegangen, von denen
Gomer nichts weiß und nichts wissen kann. Aber sie wun-
dert sich. Der, dessen ›Geliebte‹ sie ist, ist bereit, sie wieder
zu verkaufen. Es liegt ihm nicht so viel an ihr. Fünfzehn
Lot Silber und anderthalb Homer Gerste – ein Sklaven-
preis. Hosea bringt sie zurück ins Haus, und diesmal wundern sich die Leute wirklich, denn er holt da ja eine Ehebrecherin zurück. Oder wundern sie sich doch nicht so sehr,
weil sie ihn mit seiner ›Hurerei‹-Gerichtspredigt nicht ernst
nehmen können und an Absonderlichkeiten von solchen
Jahwepropheten gewöhnt sind? Gomer auf jeden Fall darf
sich wundern. Aber dann sperrt Hosea sie im Hause ein
und hat ihr nur dies zu sagen: ›Viele Tage sollst mir sitzen /
Nicht huren und keinem Manne gehören / Und auch ich
komme nicht zu dir.‹ Er redet im dreigliedrigen, syntheti-
schen Parallelismus membrorum, heißt: Er ist wieder inspiriert. All das, was er da tut, soll offenbar etwas bedeuten.
Gomer versteht es nicht. Sie will es auch gar nicht verstehen. Da soll sie nun für unabsehbare Zeit eingesperrt sitzen. Warum? Wozu? Resigniertes Achselzucken. Was muß
eine Frau sich nicht alles gefallen lassen. Die Männer können ja machen, was sie wollen – kaufen, verkaufen, zurückkaufen, züchtigen und verzeihen, ganz nach Lust und
Laune und nach den Gesetzen, die sie gemacht haben. Da
sitzt Gomer nun also und hat viel Zeit, ganz gegen ihre
Gewohnheit nachzudenken. Denkt sie an die schönen Feste
auf den Höhen, an denen sie nun nicht mehr teilnehmen
kann? Denkt sie an die Kinder, die ihrem Leben doch im-
merhin einen Sinn geben? Oder denkt sie etwa über diesen
Hosea nach? Warum hat er sie zurückgekauft? Gomer
schweigt. Sie wird zum Schweigen verurteilt.
Aus solchem Schweigen kann offensichtlich nur ein ganz

ungehöriges Maß an dichterischer Freiheit *sie erlösen. Ungehörig vom Standpunkt historisch-kritischer Exegese* und *historischer Rekonstruktion. Dennoch: Viel Einfühlung der Exegeten ist dem Propheten und Ehemanne Hosea zuteil geworden im Laufe der Jahrhunderte.* Sein *Leiden erregte Mitleiden; Gomer war die Rolle des Weibes zugedacht, das nicht nur böse, sondern schlecht ist, ein ›nichtswürdiges Objekt‹, an welches der edle Hosea ›seine Neigung verschenkt‹, ein Weib, das ›seine Sehnsucht und Reinheit mit Füßen tritt‹. Ein Perspektivenwechsel zum Blickwinkel Gomers hin wird mit Betretenheit feststellen müssen, daß die Getretene eher Gomer selber ist. In Abhängigkeit gehalten von Vater, Eheherrn, ›Geliebtem‹, ist der einzige Freiraum, den sie betreten kann, der synkretistische Höhenkult im Zeichen Ascheras und Astartes. Im Zeichen Ascheras muß und will sie Mutter werden. Im Zeichen Astartes kann sie, im Zwielicht erotischer Ambivalenzen – zwischen Pflicht oder gar Vergewaltigung auf der einen Seite und Freiheit und Genuß auf der anderen –, immer von neuem die kultische Ekstase suchen und erleben. Bis auch die Ekstasen verebben und das Leben langsam zurückfließt in Gras und Bäume, in den Machtbereich der ewigen Mutter, die bleibt…«*

Hosea, von Jahwe gerufen

B ERNHARD LANG hat die grundlegende Rolle des Propheten als »Botschafter Jahwes« beschrieben: »Daher redet er auch nicht *über* seinen Gott, sondern in den Worten seines Gottes: Der Prophet trägt, dem Stil der Diplomaten entsprechend, nicht seine eigene Botschaft, sondern die seines Herrn vor; diese ist im *Ich-Stil* gehalten, der für die Prophetenbücher charakteristisch ist. Die prophetische Rolle ist eine Botenrolle; der Prophet ist Jahwes Sprecher für die Menschen.«

Zu dieser Rolle des Propheten als Botschafter Jahwes aber gehört auch ein umfangreiches Repertoire an typischen Inhalten und Aussagen, an Stoffen und schließlich auch an Methoden der Weitergabe, die ein reiches Inventar an Mitteln und Formen prophetischer Provokation und Kommunikation erkennen lassen – die Botschafter Jahwes waren »Fachleute für öffentliche Agitation und Propaganda« (BERNHARD LANG), recht erfinderisch in ihren Möglichkeiten, dem Wort ihres Gottes Gehör und Gewicht zu verschaffen. Als Überbringer der Nachricht von der Liebe Gottes könnte man sie als *Postillion d'amour* bezeichnen.

Der berühmte französische Orientalist ERNEST RENAN hat in seiner »Geschichte des Volkes Israel« das Auftreten der Propheten sehr anschaulich beschrieben: »Der Prophet des 8. Jahrhunderts ist ein Journalist, der unter freiem Himmel wirkt, der seinen Artikel in eigener Person vorträgt und ihn mit Mimik begleitet, ja nicht selten in Zeichensprache umsetzt. Es kommt vor allem darauf an, das Volk zu beeindrucken, eine Menschenmenge anzulocken. Um das zu erreichen, versagt sich der Prophet keiner Schelmerei, deren Erfindung sich die moderne Publizistik rühmt. Er stellt sich an einem Ort auf, wo viele Menschen vorbeikommen, vor allem am Stadttor. Um dort Zuhörer zu gewinnen, bedient er sich der kühnsten Reklametricks, der vorgetäuschten Verrücktheit, neuer Wörter und ungewöhnlicher Ausdrücke, trägt beschriebene Plakate selbst herum. Umstehen ihn Zuhörer, dann klopft er seine Sprüche, läßt sie dröhnen, beeinflußt sein Publikum bald durch vertraulichen Ton, bald durch bitteren Spott. Die Gestalt des Volkspredigers ist geschaffen.«

Das prophetische Straßentheater will Aufsehen erregen und die Öffentlichkeit zur Stellungnahme herausfordern. Das ist einer der Gründe für die ungeheuer lebendige, provokative und mitreißende Sprache der Propheten.

Hosea entspricht ganz dieser Prophetenrolle, auch er hat witzige, spielerische, rhetorische, ja demagogische Elemente in seiner Verkündigung. HANS WALTER WOLFF hat die These aufgestellt, die Anhängerschaft Hoseas habe aus einer »prophetisch-levitischen Oppositionsgemeinschaft« bestanden. Sie wird vermutlich wirtschaftlich weitgehend unabhängig von den Erträgen des Kulturlandes gewesen sein, halbnomadisch von Kleinviehzucht gelebt und dem Höhenkult gegenüber Ablehnung gezeigt haben. Eine konservative Gruppe, die an Jahwe, am ersten Gebot festhält, der alles fremd und geringschätzig bleibt, was sich mit dem Glauben an den einen-einzigen Gott nicht verträgt. Aber Hosea ist alles andere als ein Reaktionär, er ist sensibel, differenziert, berühr- und erschütterbar, weder ein rigoroser Moralist noch ein abgeklärter Heiliger. Er ist nur zutiefst erschrocken über seine Frau Gomer, die der Macht der Astarte dient, die an der Festpromiskuität teilnimmt, sich dort entblößt und der Wahrheit des ganz kreatürlichen Daseins ausliefert. Zugleich aber ist er fasziniert, berührt vom Bannkreis der weiblichen Gottheiten, geblendet vom Glanz der Astarte, den er auch an seiner Frau wahrnimmt. Darüber gerät vielleicht zeitweilig auch seine Gottesvorstellung ins Wanken – jenseits des männlichen Herrschens und Handelns, aber zugleich jenseits des weiblichen Dienens und Leidens offenbart sich ihm die Kraft und erotische Macht der weiblichen Göttin.

Doch Hosea hat einen Auftrag. Er besinnt sich auf die ethische Kategorie des ersten Gebots, die fest in seinem inneren Denken und Glauben verankert ist. Er ist ein Prophet, aber er spielt diese Rolle des Propheten auch. Er verhält sich ganz »rollengerecht«, und das macht einen Teil seiner Überzeugungsfähigkeit aus. Die Gewißheit, die ein Prophet ausstrahlt, ist schwer zu widerlegen.

Ohne Zweifel liebt Hosea seine Frau Gomer, bis zum Zerreißen gespannt ist diese Liebe und Anhänglichkeit, die sich nicht scheut, lächerlich zu werden. Zugleich aber verachtet er sie auch, weil sie am Höhenkult teilnimmt und deshalb in seinen Augen ein »Hurenweib« ist. Nach israelitischer Tradition geht eine Frau durch Heirat in den Besitz des Mannes über, und so fühlt sich Hosea legitimiert, einerseits der erotischen Faszination Gomers (und auch Astartes) nachzugeben und sie zu heiraten, andererseits seine Botschaft vorzutragen, daß Jahwes Liebe zu seinem Volk einzigartig ist und Exklusivität beansprucht und daß Israels Höhenkult ein Verrat an Jahwe ist.

So trägt Hosea den Konflikt zwischen Eros und Ethos, die Widersprüche seiner Heirat und seines Volkes in der eigenen Biographie aus. Er fühlt sich durch Gott berufen, ermutigt und unterstützt (1,2b) und setzt sich der Ambivalenz seiner Regungen und Überzeugungen aus. Seine Gerichtsbotschaft ist in dieser Analogie von patriarchalischer Ehe und Israels Gottesverhältnis begründet – alle Werturteile und Abqualifizierungen seiner Kultpolemik haben diese zwei Seiten: seiner Frau Gomer gegenüber, das scheinbar ungetreue, unzüchtige, schamlose Weib, das sittlich anstößige, nichtswürdige Subjekt – und seinem Volk Israel gegenüber, dem er heidnisches Treiben, heillose Verwilderung der Sitten, zuchtlosen Naturkult, wüste Orgien, irre Triebhaftigkeit und schamlose Befriedigung niedriger Instinkte vorwirft.

In dieser Raserei von Gefühlen und Worten dürfen wir nicht übersehen, daß Hosea real leidet, wie auch Gomer leidet, weil sie sich und ihre Kinder beschimpfen lassen muß. So wie Gomer rechtlich abhängig von Hosea ist, so ist Hosea emotional abhängig von Gomer, und diese Abhängigkeit schafft Leiden für beide. Gomer macht Hosea leiden durch das, was sie ist und ihm antut, weil er sie liebt und dieses Lieben trotz allem nicht lassen kann. Er leidet, weil sie nicht an seine Vorstellungen von ehelicher Treue hält und auch seine religiösen Überzeugungen nicht teilt.

Exkurs: Die Vitalität der Liebessprache

Immer bemüht, das Volk mit ihrer Botschaft zu bewegen, es aufzurütteln und vom Wort Jahwes gefangenzunehmen, umwerben es die Propheten mit einer rhetorisch eindrucksvollen, bilderreichen Sprache, die sich leicht einprägt – man halte sich etwa Ezechiels Bild von Jerusalem als Hure (Kap. 16) vor Augen. Rhythmisch-poetisch wird der Sprachgestus beispielsweise in liedähnlichen Versen (vgl. das »Weinberglied« in Jesaja 5). Der Vielfalt der Formen und darstellerischen Mittel entspricht auch eine außerordentliche Fülle an inhaltlichen Themen der prophetischen Botschaft, die orientalisch ausgeschmückt und durch Spiel, Gestik und Requisiten veranschaulicht werden.

Bei Hosea finden wir einen Sprachgestus, der in Metaphorik geradezu schwelgt. Bisweilen überläßt sich die Sprache ganz dem freien, vitalen Fluß der Bilder, Symbole und Vergleiche. Ob nun Hosea seine Sprüche in die Form der Gottesrede (in der ersten Person Jahwes) oder der Prophetenrede (mit der dritten Person Jahwes) einkleidet, immer bleibt seine Sprache anschaulich. HANS WALTER WOLFF kommt zu dem Schluß: »Kein Prophet, ja nicht ein einziger

Schriftsteller des ganzen Alten Testaments führt so häufig Vergleiche ein wie er. Er kann ein Bild Zug um Zug ausführen (11,1–4; 2,4–17); aber häufiger stürmt er von Satz zu Satz zu neuen Bildern weiter (z. B. 5,11–15; 7,4–12; 13,3.15; 14,6–8).«

Geradezu erregend wird die symbolisch ver-dichtete Sprache Hoseas dann, wenn er Gleichnisse für Jahwe und für Israel erfindet: *Jahwe* erscheint nicht nur als Ehemann (2,4ff.), Vater (11,1ff.), Arzt (14,5; 7,1; 11,3), als Hirte (13,5f.) und Vogelfänger (7,12), sondern befremdlicher noch in direkten Assoziationen als Löwe (5,14; 13,7), Leopard (13,7) und Bärin (13,8), als Tau (14,6; vgl. Morgenröte und Regenguß 6,3) und fruchtbarer Baum.

Das *Volk Israel* wird in einer ähnlichen Überfülle von Anschauung dem Hörer präsent – in den erstgenannten Jahwegleichnissen entsprechend als Frau (2,4ff.), Sohn (11,1f.), Kranker (5,13; 7,1.9; 14,5; vgl. 6,1f.), Herde (13,5–8), davonfliegende Taube (7,11f.; 9,11). Auch hier finden sich noch weitergehendere, paradoxere Vergleiche dieses Volkes mit dem störrischen Rindvieh (4,16), dem Weinstock (10,1; 14,8), den Trauben (9,10) und dem Wein des Libanon (14,8), der Frühfeige (9,10) und der Lilie (14,6), dem Libanonwald und dem Ölbaum (14,6f.), dem Brotkuchen (7,8), dem Morgennebel und dem Tau der anbrechenden Frühe (13,3a), der Spreu, die von der Tenne weht, und dem Rauch, der aus der Luke zieht (13,3b).

So dicht die Bilder bisweilen auch sind, der ganze Text ist doch nicht poetisch durchgeformt. Er bleibt in weiten Teilen »gehobene Prosa« (HANS WALTER WOLFF). Die Frage ist, was diese Sprache bezwecken will, an wen und gegen wen sie sich richtet. Ohne Zweifel steht im Zentrum der hoseanischen Verkündigung das eindringliche Bekenntnis zu Jahwe, Hoseas »einzigem«, unvergleichlichem Gott der Befreiung: »Ich bin Jahwe, dein Gott von

Ägyptenland her« (12,10; 13,4). Damit wird dieser Gott geschichtlich-prozeßhaft seinem Volk vorgestellt bzw. in Erinnerung gerufen. Hosea versagt sich jede allgemein religiöse Rede, beruft sich ganz präzise auf Jahwe. Daher auch kann er es wagen, diesen Jahwe in immer neuen, kühnen und drastischen Bildern zur Sprache zu bringen. Wohl zu Recht weist HANS WALTER WOLFF darauf hin, daß diese freche und respektlose Sprache für die Ohren der Hörer »fast frivol« wirken mußte: »Unseres Wissens hat nie vor Hosea einer von Gott so zu reden gewagt. Kräftiger als Rücksicht auf fromme Traditionen und ästhetische Empfindungen ist bei ihm der Wille am Werk, die unheimliche und unwiderstehliche Übermacht und gegenwärtige Wirksamkeit Jahwes zu bekunden.«

Diese Kraft zur poetischen Eindringlichkeit macht das Buch des Propheten Hosea für uns heute so merkwürdig anziehend und aufregend. Welch ein Gottesverständnis, ja auch welch eine Gottesliebe kommt in diesen Bildern vom verliebten und enttäuschten, in rasendem Zorn und in Leidenschaft glühenden Jahwe zum Ausdruck. Offenkundig im Gespräch mit der zeitgenössischen Mythologie macht Hosea seine Botschaft von der Exklusivität des Jahweglaubens polemisch und angriffslustig geltend. Das Adjektiv »aggressiv« wäre nicht so sehr fehl am Platz, wenn man bedenkt, daß es in seiner lateinischen Urbedeutung ja auch meint: nahe an etwas herangehen. Aggression erzwingt Nähe, stellt Wärme her. Hoseas Sprache schon – und wie sehr erst seine Botschaft! – reißt den Hörer mitten hinein in das Ringen des hitzigen Gottes um seine ihn verlassende und der »Hurerei« verfallenden Frau (1,2; 2,4–7; 3,3; 4,10–18; 5,3f; 6,10; 9,1). Damit zeichnet der Prophet ein an Drastik nicht mehr zu überbietendes Bild Israels, das sich von kanaanäischem Denken und von der Praxis der Fruchtbarkeitskulte abhängig gemacht hat und Jahwe darin untreu wurde: Hosea als Hahnrei und damit auch Gott als getäuschter und lächerlich gewordener Liebhaber. Denn Jahwe selbst stellt sich in diesem Buch vor seinen Boten »wie ein Modell zum Nachzeichnen« (MARTIN BUBER).

Bezeichnend ist auch hier die farbige Fülle der Sprachbilder, mit denen Hosea die Schuld Israels kennzeichnet: huren, Jahwe nicht mehr kennen, vergessen, verlassen, hinter anderen hergehen, vor ihm fliehen, gegen ihn rebellieren, sich anderen zuwenden, treulos sein, störrisch werden – Verben für die Lüge und Täuschung, den Betrug und das falsche Spiel Israels – ein ganzes Eifersuchtsvokabular, wie man es in jedem Streit von Liebenden findet, eine Terminologie des Verletztseins, mit der Jahwe seine Enttäuschung einklagt und mit der er zeigt, wie er leidet und zu welch grenzenloser Trauer er getrieben ist.

Gott, von Liebe bewegt

Die tragische Erfahrung des Propheten mit Liebe und Ehe schließt die ganze Dimension des Verhältnisses Israels zu seinem Gott auf. Nirgendwo sonst in der Bibel finden sich so eindringliche und leidenschaftliche Bilder für die Liebe Jahwes. Die schmerzliche Zeit des Liebesentzugs-Liebesverlusts wird zur Metapher für die Beziehung, die Jahwe mit seinem Volk Israel eingegangen ist. Das zweite Kapitel des Buches gibt somit den Schlüssel für die ganze Verkündigung Hoseas an: Israel ist von Jahwe geheiratet worden – es war wirklich ein »Bund fürs Leben« –, aber es hat sich treulos von ihm entfernt. Gleichwohl hat Jahwe, auch dafür steht das Verhalten Hoseas, in seiner Liebe und unermüdlichen Werbung nicht nachgelassen. Er will es zu sich zurückführen, es bestrafen, aber auch mit Gaben überschütten und ihm das Glück der ersten Liebe wiederschenken. So sieht die Geschichte in den Augen Gottes aus, es ist eine Geschichte der Obsession, der Besessenheit voneinander.

Wie mit Geschenken an das junge Mädchen beim Liebeswerben hat Jahwe sein Volk mit den Wohltaten des Bundes überhäuft, die sich im Wort *Schalom* zusammenfassen lassen. Wir können in der Ehe Hoseas ein Gleichnis für diesen gefährdeten Bund entdecken und am Propheten selbst die radikale Hinwendung zu diesem Gott Jahwe und seiner unbegreiflichen Zuneigung. Wir können darin aber, wenn wir das theologisch Wünschenswerte nur für einen Moment vergessen, auch die Dramatik, das falsche Beziehungsgefüge des Gottesverhältnisses erkennen. Hoseas eigene Liebesgeschichte, die eine Folie darstellt für Gottes Liebesgeschichte, ist eine menschlich gebrochene Version der Liebe überhaupt. Sie setzt voraus, daß jemand unterwirft und ein anderer unterworfen ist. Sie baut auf Macht und Herrschaft. Das Scheitern dieser »Liebe« wird zum Prüfstein des Geliebtwerdens. Da gibt es kein leichtsinniges Spiel der Regungen, keine subtilen Annäherungen, keine zarte Verhaltenheit. Es ist in beiden Fällen eine Liebe aus der Perspektive des Habens, nicht des Füreinanderseins.

Die Intimität zwischen Frau und Mann in all ihren Schattierungen, Verwundungen, Schmerzen, auch in der Distanz und in der grenzenlosen Enttäuschung, die man so nur in der Liebe erfahren kann, wird zum Symbol für das Verhältnis zwischen Gott und Mensch. Mir scheint das ein aufregender Gedanke; er sprengt alle geläufigen theologischen Grundvorstellungen von der Liebe Gottes. Dieser Gott ringt um seine Liebe, sie ist nicht einfach gegeben, sie will auch erwidert werden. Und der Gott, der in diesem

Sinnbild zum Vorschein kommt, hat seine problemati-
schen Züge. Die Ankündigung des Gerichts wird schon in
den seltsamen Namen offenbar, mit denen die Kinder der
»Untreue« bezeichnet werden: »Unerbarmt« heißt die
Tochter, »Nicht-mein-Volk« der Sohn – mit der äußerst
bitteren und durch nichts gemilderten Konsequenz des
»und ich – ich-bin-nicht-da für euch« (1,9). Jahwe ist auch
der Gott des Gerichts, der Herr der Wüste / Verwüstung,
mit aller Mehrdeutigkeit männlich-göttlicher Macht, die
dieses Bild in sich trägt, und mit der scharfen Ankündigung der Bestrafung. Hier tritt uns ein Gott vor Augen,
dessen Liebe umschlägt in Rache und Haß (vgl. 2,5.14.16).

Das wirklich Aufregende und Bestürzende aber ist gar
nicht einmal diese Jahweliebe zum Haus Israel mit all ihren
bestürzenden Konsequenzen, sondern daß sich diese Zuneigung nicht außerhalb der Geschichte ereignet, sozusagen als von außen auf sie zukommende Gnade, sondern
mitten im Schmerz und Versagen der Menschen. An die
Stelle des mythisch-kultischen Fruchtbarkeitsglaubens
tritt die geschichtliche Größe Israel. Nicht mit einer mythischen Göttin geht Jahwe ins Gericht, sondern mit dem
Volk der Geschichte. Alle Bilder dieser scheinbar untreu
gewordenen Frau, der »Hure«, sind allegorisch: Sie wollen »anders« gelesen sein, identifiziert werden mit dem ge-
schichtlichen »Versagen« dieses Volkes. Erstaunlich viele
Aussagen Hoseas greifen daher historische Erfahrungen
auf, die dieses Volk mit seinem Gott seit Ägypten gemacht
hat. Sie sind Bestandteile einer umfassenden Anklage-
schrift im Prozeß Jahwes (11,1–7), die sich auf die Rechtskategorien des Bundesdenkens stützt und sich vor allem
gegen die Priester und die politisch Herrschenden und
Mächtigen richtet.

Die feministische Theologie hat auf die sexistische Symbolik des Weiblichen im Alten Testament sehr kritisch rea-

giert. Das Bild einer Ehe zwischen Jahwe und Israel wird – nicht allein wegen seiner negativen Aussage, die das von Jahwe abgefallene Volk zur »Hure« werden läßt – zwar in seiner Entstehung aus der damaligen Rolle der Frau in agrarisch-patriarchalisch geprägten Gesellschaften zu verstehen gesucht, aber wegen seiner sexistischen Tendenz als bedenklich empfunden. Wieder einmal ist die Frau schuld. Andererseits weist ROSEMARY HAUGHTON darauf hin, daß hier die Liebe Gottes zu den Menschen mit weiblicher Symbolik veranschaulicht wird: »Der Gott eines Jesaja, eines Hosea oder eines Hiob ist nicht mehr derselbe wie der in der Geschichte planvoll wirkende Gott des Moses. Er ist weit geheimnisvoller, fremder, leidenschaftlicher, unergründbarer, ab und zu sogar so unberechenbar, eigensinnig und launisch, wie man das von jeder richtigen Frau erwartet.«

GERHARD VON RAD schreibt: »Hoseas Verkündigung ist wohl noch mehr als die eines anderen Propheten von Affekten ganz persönlicher Art her bestimmt, von denen der Liebe, des Zornes, der Enttäuschung, ja des Zwiespaltes zwischen zwei gegensätzlichen Empfindungen. Dadurch, daß der Prophet diese Glut der Affekte dem Reden Gottes leiht – oder sagen wir besser: dadurch, daß Jahwe den Propheten in seine Affekte hineingerissen hat –, gewinnt das göttliche Wort bei Hosea etwas Heißes und Brennendes, wie das in solcher Intensität nur für die Botschaft dieses Propheten charakteristisch ist.«

Im Buch Hosea finden wir eine Gefühlsskala mit allen Extremen, die wir sonst mit Gott nur schwerlich in Verbindung bringen. Hosea lehrt uns einen fühlenden Gott sehen – und lieben. Virtuos spielt dieser Prophet auf der Klaviatur der Gefühle des Liebens, aber da brilliert nichts um seiner selbst willen, da zeigt alles auf die eine, nicht gleichgültig lassende Botschaft: Gottes Liebe ist verwundbar, und sie ist angewiesen auf das Ja des Volkes, auf ein Ja, das frei ist von taktischen Wendungen, störrischer Abwehr oder nur bloß gesprächiger Hinwendung, von Verführung und Vortäuschung, ein Ja, das Gottes Wort annimmt als die große Liebeserklärung an die Menschen.

Die große Verlobung

Diese Liebeserklärung zeigt sich in einem messianisch-eschatologischen Bild von großer Eindringlichkeit. Hosea ist nicht nur ein Unheilsprophet, er verkündet nicht nur den richtenden und strafenden Gott. Er sagt nach dem Prozeß Heil und Rettung voraus. Aber auch in diesen Visionen einer nicht mehr verfluchten Freundschaft zwischen Gott und Menschen verliert er sich nicht in idyllischen Bildern und Seligpreisungen einer innerlichen Liebe, sondern bleibt der kraftvoll auftrumpfende, mit prallen und lebenssatten Bildern provozierende Rufer Jahwes. Im erotischen Bild der großen Verlobung, das ganz durchsetzt ist von Begriffen aus Natur und Fruchtbarkeit, leuchtet universale Versöhnung auf, in der Gott neues Leben schafft:

»Ich schließe für Israel an jenem Tag einen Bund mit den Tieren des Feldes und den Vögeln des Himmels und mit allem, was sich auf dem Erdboden bewegt. Ich zerbreche Bogen und Schwert, es gibt keinen Krieg mehr im Land, ich lasse sie Ruhe und Sicherheit finden. Ich will mich mit dir verloben in Ewigkeit; ich will mich dir anvertrauen in Gerechtigkeit und Gericht, in Liebe und Erbarmen. Ja, im Glauben will ich mich mit dir verloben, und du wirst den

Herrn erkennen. Ich will den Himmel erhören, und der Himmel wird die Erde erhören, und die Erde erhört das Korn, den Wein und das Öl, und diese erhören Israel« (2,20–23).

Die eschatologische Dimension der prophetischen Verkündigung Hoseas liegt darin, daß sie die Erotik Gottes zum Vorschein bringt. Denn so weit geht Hoseas Entgegenkommen der fremden Religiosität Kanaans schon, daß er zumindest das erotische Vokabular auf Jahwe anwendet: Betörung und Verführung als Metaphern für die eschatologisch-erotische Erscheinung Jahwes in der Wüste. Das Drama der *Umkehr Gottes* wird in 2,8f.16–19 nach Motiven des Liebesliedes gestaltet: »Jahwe wird Israel umwerben wie eine Geliebte und Braut, d. h., er wird sie vor allem faszinieren, wie zuvor nur die Götter Kanaans zu faszinieren vermochten. *Jahwe als Liebhaber* also: nicht mehr der Eheherr, der seiner fremdgehenden Frau in ohnmächtiger Eifersucht nachschaut; nicht mehr der strafende Patriarch und Richter, der in gerechtem Zorn die Ehebrecherin an den Pranger stellt – ein anderer tritt der halbherzig zur Umkehr Entschlossenen nunmehr entgegen, kommt auf sie zu, nicht verstellt in hinterlistiger Absicht, nicht vermummt als Schreckensgesicht: Er enthüllt, er offenbart sich – Jahwe noch einmal im Saphirglanze der Sinaitheophanie, umwittert von neuer Faszination, überglänzt von der Aura der großen Astarte, im blendenden Zwielicht des Eros, der Gott Israels im Morgenlicht einer neuen Hoffnung, die herüberleuchtet aus längst vergangenen Wüstentagen und zugleich von den Höhen Kanaans her, seiner Weinberge, seiner Feste...« (HELGARD BALZ-COCHOIS). Jahwe gibt seine Rechte als Ehemann auf, der Verfügungsgewalt über die Frau besitzt, er entwaffnet sich, er zieht die Maske des Begehrens ab, er wagt das freie Spiel des Erotischen, er sucht Überzeugung im Umwerben, nicht im Gericht, in Zuneigung, nicht im Zwang.

In dieser universalen, politischen Versöhnung findet auch das Ehedrama zwischen Hosea und Gomer zu einem guten Schluß: »Die Intuition Hoseas aus dem Leiden der Eifersucht und der Sehnsucht der Liebe besteht darin, daß er sieht und erfühlt: Durch Rechtsansprüche läßt sich keine Gegenliebe gewinnen. Hosea hebt also seine patriarchalische Position vorübergehend selbst auf. Es ist das Leiden der Liebe, das die Wende vom überlegenen Eheherrn zum abhängigen Liebenden bewirkt. Denn wer liebt, begibt sich in Abhängigkeiten, die alle Bereiche des Lebens und das Leben selbst verändern können. In der Qual der Eifersucht und der Sehnsucht nach Versöhnung zerbröckeln Rechtskategorien und Herrschaftsansprüche. Es geht nicht mehr um ein Haben-Wollen, es geht um ein Sein-Wollen, und dieses Sein hängt ab von der ungeteilten und spontanen Zuwendung des Geliebten« (HELGARD BALZ-COCHOIS).

Die große Verlobung, angekündigt im Panorama natur-mythischer Bilder und Verheißungen, ist also alles andere als ein leichtes Happy-End. Sie verlangt von allen »Beteiligten« dieses Gleichnisses – Hosea, Gomer, Jahwe und sein Volk – die Bereitschaft zur Umkehr und zum Umdenken, ja zum anderen Lieben. Das Versprechen neuer Liebe ist nicht billig zu haben. Aber in seiner eschatologischen Konsequenz ist dieses Bild überwältigend: Es zeigt die Erotik Gottes als Möglichkeit befreiter Liebe, die auf Herrschaft und Gewalt, die Grundwerte des patriarchalischen Systems, verzichtet, die einseitig abrüstet und die Waffen streckt. Im Bild des neuen Bundes ist alle Dramatik dieser Geschichte eingefangen in einer kosmischen Vision: Jahwe gibt den Segen des Himmels und der Erde, die Erde gewährt Fruchtbarkeit und Verwurzelung im Lande, das

Volk wird in Gerechtigkeit und Sicherheit Heimat finden. Diese große Verlobung wird Garant ganz neuen Friedens für immer sein, unwiderruflich, versöhnt mit dem Geheimnis Ascheras, Gottes Erbarmen in der Liebe, so stellt sich in diesen Impressionen die Utopie einer neuen Erde dar.

VIERTER TEIL

Die Gärten des Glücks und der Nacht

Das Hohelied als Gesang befreiter Sinnlichkeit

Des Nachts auf meinem Lager suchte ich ihn,
den meine Seele liebt.
Ich suchte ihn und fand ihn nicht.
Aufstehen will ich, die Stadt durchstreifen,
die Gassen und Plätze,
ihn suchen, den meine Seele liebt.

DAS LIED DER LIEDER 3,1–2

Die Liebe – ein Spiel der Schöpfung

Wenn er mich doch küßte mit den Küssen seines Mundes« – wer weiß schon, daß dieser sehnsüchtige Ruf eines verliebten Mädchens in der Bibel zu finden ist? – »Du hast mich verzaubert, meine Freundin, du hast mich verzaubert mit dem Blick deiner Augen« – auch diesen Ausruf eines glücklich Verliebten vermutet man nicht unbedingt im heiligen Buch der Juden und Christen. Wir sind eher eine andere Sprache gewohnt; Verliebtsein, Verzauberung, Leidenschaft vermuten wir nicht so sehr in der Bibel wie fromme Geschichten und erbauliche Sprüche. Aber die Bibel ist ganz anders, sie ist ein Buch der Abenteuer und der mächtigen Gefühle, der Leidenschaften ebenso wie der zärtlichsten Poesien. Immer wieder entdecke ich auch bei zufälliger Lektüre Sätze und Aussagen, die mich sofort gefangennehmen: »Eine schöne Frau macht das Gesicht strahlend, sie übertrifft alle Lust der Augen« (Jesus Sirach 36,27) – ja, das kenne ich auch, oder: »Fehlt die Frau, ist einer rastlos und ruhelos« (ebd. 36,30). Der Maler MARC CHAGALL schrieb: »Seit meiner frühesten Jugend hat mich schon die Bibel in ihren Bann gezogen. Die Bibel schien mir – und scheint mir heute noch – die reichste poetische Quelle aller Zeiten zu sein. Seitdem habe ich ihren Widerschein im Leben und auch in der Kunst gesucht. Die Bibel ist wie ein Nachklang der Natur, und ich habe danach gestrebt, dieses Geheimnis wiederzugeben.«

Die ersten beiden Sätze dieses Kapitels können wir im Hohenlied nachlesen. Es ist ein recht kleines Buch in der Bibliothek der biblischen Bücher, eine Sammlung von Liebesliedern, die von der Freude singen, die zwei Menschen aneinander finden können. Wir sehen in diesem Büchlein die schon mehrfach geäußerte Auffassung bestätigt, daß uns das Alte Testament nahelegt, Leib und Sexualität als Geschenk des guten Gottes, als seine menschenfreundliche Gabe zu begreifen. Es kennt keine repressive Leibfeindlichkeit, auch nicht die Feindschaft zwischen Körper und Geist, aber es weiß andererseits durchaus etwas von der Ambivalenz der sexuellen Kräfte, die letztlich im Wesen des Menschen selbst begründet ist. Die Sympathie des alttestamentlichen Evangeliums geht so weit, daß die Liebenden diese gute Gabe als ein Stück geschenkter Freiheit entgegennehmen können, selbst wenn um sie her die Welt sich in Kriege stürzt, denn das deuteronomistische Gesetz verkündet ausdrücklich: »Wenn einer erst vor kurzem eine Frau genommen hat, dann soll er nicht mit in den Krieg ziehen müssen, noch soll ihm etwas auferlegt werden. Ein Jahr lang soll er für sein Haus frei und mit seiner Frau fröhlich sein« (Deuteronomium 24,5).

Im Alten Testament ist Sexualität ein integriertes Moment des ganzen menschlichen Lebens. Die Sehnsucht nach dem anderen, das Verlangen nach seiner Gegenwart ist bereits in der Schöpfung angelegt: Schon in der Genesis erfahren wir, daß es nicht *den* Menschen gibt, sondern nur den Menschen als Mann und Frau. Es ist bemerkenswert, mit welchem Wort das Alte Testament die Liebe und die Sexualität kennzeichnet: einander erkennen – Frau und Mann schlafen nicht nur zusammen, begreifen sich auch nicht allein auf intellektueller Ebene. Sie lernen sich immer besser kennen und verstehen, er-kennen sich in einem umfassenden Sinn.

Bereits eine kursorische, ja auch eine oberflächliche Lektüre der Bibel fördert sehr viel von dieser Sichtweise zutage. Im Hohenlied begegnet uns die ausführlichste und bilderreichste Schilderung menschlicher Intimität und Sehnsucht, die Abwesenheit/Anwesenheit des oder der

Geliebten, die Freude im Sich-Finden und Umarmen, die Wechselseitigkeit der Gefühle, die Lust der Sinne, ja eine ganze Liebesgeschichte kommt hier naturhaft-bildhaft, metaphorisch zum Ausdruck, in immer neuen Wendungen und Anlehnungen an das ursprüngliche Spiel der Schöpfung. Durch diese Liebeslieder ziehen sich in verschwenderischer Fülle Bilder von Früchten und Blüten: Zedern, Zypressen, Lilien und Dornen, Narde und Safran, Schilfrohr und Zimtbaum, Kräuter und Alraunen, Palmen und Nußgärten. Dieses Büchlein zeigt uns ein lebendiges Spiel mit einer bilderreichen Sprache, die den Leser und die Leserin immer wieder überrascht, alles zum Ausdruck der lyrischen Seite sinnenhafter Liebe.

Das Hohelied, das »Lied der Lieder«, das schönste Liebeslied – wie immer man dieses biblische Buch nennen will – ist ein Gesang befreiter Sinnlichkeit. Was das junge Mädchen und den jungen Mann, die füreinander in sehnsüchtiger Liebe entbrannt sind, zusammenführt, ist das Verlangen nach Nähe, Berührung, Zuwendung.

Eine verwirrende Auslegungsgeschichte

Kirche und Theologie, Exegeten und Rabbinen hatten und haben ihre Schwierigkeiten, ihre liebe Not mit diesem Buch. Die Auslegungsgeschichte der kleinen Schrift ist reich an Irrungen und Wirrungen, Mißverständnissen und Fehldeutungen. Hier ist nicht der Ort, einen ausführlichen exegetischen Befund wiederzugeben oder die Wirkungsgeschichte nachzuzeichnen. Gleichwohl soll eine kurzgefaßte Auslegung des *Canticum canticorum* (Lied der Lieder) die ganzheitliche Sicht verstehen helfen.

Die Ursprünge dieser Liebespoesie liegen trotz erheb-
licher Anstrengungen, ihren »Sitz im Leben« nachzuwei-
sen, trotz aller Mutmaßungen und Theoriebildungen weitgehend im Dunkeln. Sicher scheint nur zu sein, daß sie von
ähnlichen Liebesliedern aus der ägyptischen, babyloni-
schen und kanaanäischen Umwelt Israels geprägt ist, zumindest deren Bilder und Motive aufnimmt und verarbeitet. Vielleicht war das Hohelied ursprünglich ein weiblicher Kulttext, der zur Feier der »Heiligen Hochzeit« in
Jerusalem gesungen worden ist. Und doch trägt diese Poesie nicht nur kultisch-rituelle Züge, so daß WOLFGANG
TEICHERT meint: »Psychologisch löste das Judentum mit
dieser vorsichtigen Mythenkritik die erotische Beziehung
zwischen Frau und Mann aus ihrer Abhängigkeit an die
psychischen Inhalte des kollektiven Unbewußten. Denn
das kollektive Unbewußte, inszeniert im Kultritual, gab
zwang- und schicksalhaft einen bestimmten generellen
Ablauf vor, der vom einzelnen oder vom individuellen
Paar nicht besonders gestaltet, sondern nur noch rituell
nachvollzogen werden konnte.«
   Die Zuordnung dieser Liebeslyrik zu Salomo in der
Überschrift ist darauf zurückzuführen, daß er in einigen
Versen namentlich erwähnt wird, obwohl die Lieder si-
cherlich aus einer späteren Zeit stammen. Selbst wenn man
eine Beeinflussung durch kanaanäische Poesie annimmt,
ist doch die These nicht leicht zu widerlegen, daß es sich
um eine eigenständige Schöpfung Israels handelt, so daß
die Aussage von TEICHERT plausibel sein dürfte.
   Eine Sammlung von Liebesliedern, die vom Zusammen-
sein, von den Zärtlichkeiten und Sehnsüchten zweier junger und unverheirateter Menschen singen, die sich liebge-
wonnen haben und ihr Glück finden wollen, befremdet
gleichwohl im Kanon der Bibel. Man hat wie so oft in der
christlichen Tradition versucht, die Moral dieses bibli-

schen Buches »zu retten« und die Lieder in ihrem deut-
lichen Lobpreis der sinnlich-irdischen Liebe zu »entschär-
fen«. Man kann sagen, daß dieser Versuch gründlich miß-
glückt ist, auch wenn er jahrhundertelang dominant war.
Der Kirchenvater ORIGENES befürchtete, daß Unmün-
dige bei der Lektüre des Hohenliedes zu sündhafter Lust
und Brunst angeregt werden könnten, und hielt die Entscheidung der Juden, solche Texte der Jugend vorzuent-
halten, für gut. THEODORET VON KYROS wandte sich gegen »solche, die das Hohelied verunglimpfen und nicht
glauben, daß es ein geistliches Büchlein sei«. JOHANN
GOTTFRIED VON HERDER kritisierte alle, die »Worte der
Unschuld zu schändlichen Zweideutigkeiten machen wollen«. Sie alle – und mit ihnen viele andere – sahen in der
eingestandenen Freude an der Sexualität etwas Anstößi-
ges. Mehr Toleranz und Sympathie zeigte JOHANN WOLF-
GANG GOETHE, der sprach in seinem »Westöstlichen
Divan« vom Hohenlied »als dem zartesten und unnach-
ahmlichsten, was uns von dem Ausdruck leidenschaftlicher, anmutiger Liebe zugekommen. Durch und durch
wehet eine milde Luft des lieblichsten Bezirks von Kanaan, ländlich trauliche Verhältnisse, Wein-, Garten- und
Würzbau, etwas von städtischer Beschränkung, sodann
aber ein königlicher Hof, mit seinen Herrlichkeiten im
Hintergrunde. Das Hauptthema jedoch bleibt glühende
Neigung jugendlicher Herzen, die sich suchen, finden, ab-
stoßen, anziehen, unter mancherlei höchst einfachen Umständen«.

Wie auch immer, dem Hohenlied kommt die Funktion
zu, deutlich zu machen, daß die erotische Liebe zur
Schöpfungswirklichkeit Jahwes gehört. Das war für die
christliche Tradition unannehmbar, und so war sie leicht
geneigt, eine der jüdischen Deutungen zu übernehmen:
Beim Lied der Lieder handle es sich um die Liebe Gottes

zu seinem Volk – die beiden jungen Menschen, die sich hier lieben, stehen für die Liebesbeziehung, die Gott zu den Menschen aufgenommen habe. Im Hohenlied verfehlt diese Allegorisierung völlig den eigentlichen Sinn des Textes. Auch die folgerichtige Parallelisierung (ging es bei den Juden um den Bund zwischen Gott und seinem Volk Israel, so ging und geht es in christlicher Deutung um den Bund Gottes mit dem »neuen Israel«, der Kirche) greift viel zu kurz.

Obschon es schwer nachvollziehbar ist, wie man die Kirche mit den Worten in Kapitel 5, Vers 10 bis 16 beschreiben kann, hat diese Auslegung gleichsam den kirchlichen Segen. Die allegorische, »anderslesende« Auslegung nimmt Personen und Vorgänge, von denen im Text die Rede ist, nicht für sich, sondern identifiziert sie mit Realitäten, die *eigentlich* gemeint sein sollen. So werden Zug um Zug alle Symbole und Bilder dechiffriert, entschlüsselt und dabei oft in einem weiteren Schritt spiritualisiert und der Erde entfremdet. In dieser Entschlüsselungskunst, die mit detektivischer Akribie vorangetrieben wird, verliert dieses Lied allerdings vollständig seinen poetischen Reiz. Sie zerstört das zarte Gewebe expressiver Bilder dieses Buches, weil sie alles – scheinbar – kenntlich und identifizierbar macht.

Die vielen Ansichten über das Hohelied lassen sich nicht leicht in einer klaren und vollständigen Übersicht zusammenbringen. Das hat seinen Grund darin, daß mit diesem Buch zwei Probleme verbunden sind: das Problem der *Struktur* und die Frage nach dem *Sinn* des Textes.

Die Ansichten über die *Struktur* gehen nach verschiedenen Richtungen. Während manche Exegeten im Hohenlied eine Sammlung von Liedern feststellen, betrachten es andere als *ein* Werk. Den Vertretern der letzteren Auffassung begegnet aber die neue Frage: Wie viele Personen werden sprechend eingeführt? Anders gefragt: Um den Kern des Problems aufzuzeigen, müssen die Worte des jungen Mannes auf zwei Personen verteilt werden, oder nicht? Damit ist die wesentliche Streitfrage nach der Struktur ausgesprochen, die ungezählte exegetische Kleinkriege angezettelt hat. Ich erwähne das nur, um darauf hinzuweisen, wie leicht man um das Eigentliche herumreden kann. Weitere Meinungsverschiedenheiten, ob zum Beispiel (wenn *ein Werk* angenommen wird) der biblische Verfasser bereits vorhandene Lieder aufgenommen und verarbeitet habe, oder (wenn *eine Sammlung* angenommen wird) die Lieder von einem Dichter oder vielleicht aus ganz verschiedenen Zeiten stammen, ob sie richtig angeordnet sind usw. können als nebensächlich betrachtet werden.

Die Ansichten über den *Sinn* oder die zentrale Aussagerichtung des Hohenliedes gehen gleichfalls in zwei verschiedene Richtungen. Exegeten, die für das Werk lediglich den wörtlichen Sinn annehmen, stehen andere gegenüber, die außerdem einen besonderen Sinn voraussetzen: die Personen oder die Erzählung seien Ankündigung anderer Personen (*sensus typicus personalis*) oder einer anderen Sache (*sensus typicus realis*).

Der buchstäbliche oder wörtliche Sinn wird im allgemeinen nicht auf die gleiche Weise angenommen. Neben Autoren, die im Hohenlied nichts anderes sehen als den üblichen Inhalt von Liebes- oder Hochzeitsliedern, finden andere Autoren in ihm einen moralischen Gehalt, zum Beispiel die Aufforderung zur monogamen Ehe oder zur ehelichen Treue. Wieder andere sind der Auffassung, daß das Buch nach dem wörtlichen Sinn über das Liebesverhältnis zwischen Gott und Israel spreche. Auch die Vertreter der Meinung, aus dem Lied der Lieder sei ein besonderer oder typischer Sinn herauszulesen, treffen sich nicht immer in ihren Auffassungen. Ihnen gemeinsam ist aber die Übertragung der Bilder auf Personen und Vorgänge (Gott – Volk, Christus – Kirche, christliche Ehe etc.).

Das Lied der Lieder – Thema also für zahlreiche Kongresse zerstrittener Exegeten. Aber so harmlos und überflüssig, wie sich der Gelehrtenstreit kunstvoll zelebriert, ist er nicht. Die exegetischen Fragen haben für die konkrete Auslegung jeweils eine besondere, vorentscheidende Bedeutung. Es ist nicht unerheblich, welcher Grundauffassung man den Vorzug gibt.

Sinnliche Lieder

Ich meine, daß im Lied der Lieder nichts anderes als die sinnliche und leidenschaftliche Liebe der Menschen zu entdecken ist. Alles andere ist Augenwischerei, Verharmlosung, Verdrängung und mehr oder weniger bewußte Verdrehung. Nichts, aber auch gar nichts weist auf eine allegorische Deutung hin – der Name Gott zum Beispiel kommt überhaupt nicht vor, also kann er auch nicht als moralischer Wächter oder auch nur als Vergleichsmoment in Anspruch genommen werden. Nicht ausgeschlossen freilich ist, daß die Sprache des Hohenliedes auch ein Modell sein kann, um von der Liebe Gottes zu den Menschen in der richtigen Weise zu sprechen. Gottes Erotik und die Sinnlichkeit des Menschen kommen hier so zusammen, daß Gott gar nicht eigens erwähnt zu werden braucht. Es sollte uns freuen, wie ungeniert und selbstverständlich im Alten Testament die Schönheit der Liebenden beschrieben wird. Liebeslieder sind, wie HERBERT HAAG betont, in gewissem Sinn zeitlos, das erklärt die lebendige Frische und den Charme dieser Lieder, der sich auch auf uns heute übertragen kann. Die meisten Liebeslieder im modernen Israel nehmen übrigens Motive und Wendungen des alten biblischen Hohenliedes auf – ein Beweis für ungebrochene Attraktivität.

Das Lied der Lieder singt zunächst vom Jubel eines jungen und schönen Mädchens, das sich verliebt hat. Das Loblied auf die Liebe (8,6–7) könnte auch verstanden werden als Abwehr des liebessüchtigen, prachtliebenden und mächtigen Königs Salomo, der einer Hirtin nachstellt. In diesem Fall wäre der eigentliche Dreh- und Angelpunkt des Büchleins ein Streit – vorausgesetzt, man identifiziert den jungen Mann nicht mit Salomo, sondern sieht in dem Geliebten des Mädchens einen einfachen Hirten. Das Hohelied wäre demnach ein kleines Drama mit drei Hauptdarstellern: eine Hirtin (das Mädchen), ein Hirt (der junge Mann, in den es sich verliebt) und ein König (den wirklichen oder vorgeblichen Salomo, der das Mädchen für sich gewinnen will).

Ungeachtet dieses inhaltlichen Problems fällt als erstes die Sprache des Liebeswerbens und des Verliebtseins auf, die sich durch alle Lieder zieht. Die Freundinnen fragen: »Was hat dein Geliebter den anderen voraus?« Das Mädchen antwortet, indem es seinen Blick im Geist vom Kopf bis zum Fuß des Geliebten gleiten läßt (5,10–16). HERBERT HAAG schreibt dazu: »Vielleicht mutet uns diese Sprache fremd an. Die ganze Beschreibung des Geliebten besteht aus einem einzigen Satz. So als könnte das Mädchen nicht aufhören, seine Schönheit zu preisen, reiht sich ein Eindruck an den anderen, bis das Mädchen am Ende überwältigt ausruft: So ist er! Sie beschreibt ihn nicht direkt. Man kann sich von seiner Größe, seiner Augenfarbe, seinem Gesichtsausdruck kein Bild machen. Und doch steht er lebendig vor uns, eine Harmonie von Farbe, Glanz und Formen. ...Ein Gegenstück zu diesem Lied finden wir im siebten Kapitel des Hohenliedes. Da ist es der Mann, der seine Geliebte besingt, und umgekehrt als im vorigen Lied tastet sich sein Blick von den Füßen empor bis zum Haar.«

Interessant ist der teilweise rasante Wechsel der Bilder und Vergleiche. Sie sind immer ganz den Situationen angepaßt, einfach und anmutig, dann wieder stolz und prunkend. Sulamith, das Mädchen, beschreibt ihren Freund mit Bildern aus dem Garten, mit seinen aufblühenden Reben, duftenden Lilien und aufbrechenden Granaten. Ungezwungen, unbefangen sind diese Bilder, nie lasziv oder obszön, manchmal leicht duftend, dann wieder lockend und die Sinne betörend, glühend und sinnlich. Es fällt auf, wie die Natur ganz in die Sphäre der Erotik einbezogen ist; sie bildet nicht nur die Kulisse des Liebesspiels, sondern spiegelt innere Erwartungen und Gefühle wider. Spielerisch besungen werden die Nachlässigkeiten des sonnengebräunten, verliebten Mädchens bei seiner Arbeit im Weinberg und das süße Frösteln neuer Begegnung. In 7,10 wird der Reiz des Mädchens mit Wein verglichen wie ein perlendes Vergnügen. Diese Lieder durchbrechen die konventionellen Schranken des oft allzu gesetzlichen Israel schon in ihrer Sprache. Die Liebe ist eine unbezwingliche Macht, die den Menschen ganz beansprucht:

>*Leg mich wie ein Siegel auf dein Herz,*
wie ein Siegel an deinen Arm.
Stark wie der Tod ist die Liebe,
die Leidenschaft ist gewaltig wie die Unterwelt.
Ihre Gluten sind Feuerflammen, gewaltige Flammen.
Auch mächtige Wasser können die Liebe nicht löschen;
auch Ströme schwemmen sie nicht weg« (8,6–7).

Das Erotische erscheint hier als eine fast unbezwingbare Naturgewalt und verläßt die Darstellung spielerischer Unbekümmertheit, die wir sonst oft im Hohenlied finden. Man ist plötzlich erschrocken, daß alles so ernst und bedeutend geworden ist. Der Vergleich mit dem Tod ist keineswegs Ausdruck blinder Schicksalsgewalt, aber er bringt etwas Abgründiges, Verhängnisvolles in den Blick. Die leidenschaftliche Apologie des Eros läßt zumindest in diesem Vers eine allzu naive Sichtweise hinter sich.

Die Interpretation des Hohenliedes von seiner Natur, seinen Gärten her, die WOLFGANG TEICHERT vorgelegt hat, scheint mir besonders einleuchtend und bringt eine frische Brise mit sich. Es gelingt TEICHERT, viel von der Grazie und dem Charme dieser Gartengesänge aufleuchten zu lassen, gerade weil er die Naturverbundenheit der Lieder als einen Schlüssel zum Verstehen des psychischen Prozesses darstellt, in den sich auch die Leserin und der Leser verwickelt sehen: »Man kann diesen Weg von Garten zu Garten also symbolisch auch als Wandlung einer erotischen Beziehung lesen, als Weg eines Paares und ihrer innerseelischen Entwicklung.«

Von zärtlichen Anmutungen bis hin zur erotischen Hingabe handeln die kunstvoll komponierten bukolischen Szenen. Das Mädchen ergreift dabei oft die Initiative, die Liebe erweckt es aus dem »gepflegten, umfriedeten, duftenden und schönen Teil dieser mädchenhaften Existenz. ...Wahrscheinlich ist die wild-emotionale Leidenschaftsnatur des Weiblichen in ihrer Heftigkeit für den Mann und das Bewußtsein furchtbar. Diese Gefahr weiblicher Ungehemmtheit, die in patriarchalischen Zeiten unterdrückt, verkannt und illusionistisch verkleinert wird, war in der mythischen Frühzeit noch lebendige Erfahrung. Die Angst vor der übermächtigen weiblichen Seite, die der Jüngling empfinden kann, wenn er heranwächst, ruht im-

mer noch in jeder männlichen Tiefe« (WOLFGANG TEI-
CHERT). Tanz, Spiel, verzweifeltes Suchen in der Nacht
und beseligtes Finden in der Morgenfrühe, das alles ist
Ausdrucksform des erwachenden Mädchens Sulamith, das
darin zum Typus der liebebereiten Frau wird und die
strengen Bindungen, die damals die familiaren Schranken
gerade den jungen Frauen auferlegten, durchbricht. In der
unverdrängten Sinnenfreude und Natürlichkeit kündet
das Hohelied von der geglückten Integration des Erotischen. Nirgends wirkt das peinlich oder frivol, ja man
könnte es keusch nennen, wenn wir Keuschheit als Eros
begreifen dürften, die dem Menschen seine eigentliche Bestimmung gibt. In den einzelnen Liedern zeigt sich Eros in
allen Phasen, in der ganzen Klaviatur der Empfindungen,
in seinem sanften und doch noch dunklen Erwachen wie
im gegenseitigen Entbrennen, in langer Suche, Reifung
und Erfüllung.

Zwischenspiel:
Liebespoesie in Israel und Ägypten

Die Liebeslieder des alten Ägypten fordern nach Inhalt
und Form zum Vergleich mit dem Glanzstück alttestamentlicher Poesie, dem Hohenlied, heraus. In beiden
tritt uns ein reiches Liebesleben, die erotische Sehnsucht,
die Begegnung in der blühenden Natur, im Garten oder im
Haus, die sinnliche Glut in der Hingabe der Geliebten in
frappanten Ähnlichkeiten vor Augen. Der ganze Bilder-
schmuck, die Vergleiche, welche besonders die Reize
des/der Geliebten anziehend und verlockend vorführen,

zeigen eine überraschende Nähe zueinander, die bisweilen bis zur Übereinstimmung geht.

Im Hohenlied wird die Liebe als das Stärkste, Unüberwindlichste und Wertvollste bezeichnet, was Menschen besitzen und füreinander empfinden. Sulamith liegt auf ihrem Bett und schläft, aber ihr Herz ist wach (5,2), das heißt, sie ist im Traum mit ihrem Freund beschäftigt. Das Begehren hat sie ganz ausgefüllt, jede Faser ihres Leibes, jeder Gedanke, jede Empfindung entzündet sich an dieser Sehnsucht. Ohne den Freund kommt sich Sulamith vor wie eine sich Verhüllende, Trauernde, die gar nicht mehr bei sich selbst ist. Auch in den ägyptischen Liebesliedern (zum Beispiel im Pariser Kodex) wird die Liebe wie eine Macht geschildert, die das Herz ganz erfaßt. Sie lodert im Innern auf wie das Feuer im Stroh:

> *»Es sehnt sich nach dir mein Herz,*
> *und ich tue dir, was du suchst.*
> *Ich bin in deiner Umarmung.*
> *Mein Blick auf dich bedeutet*
> *das Leuchten meiner Augen.«*

Ergreifend und rührend in den ägyptischen Liebesliedern erklingen die Klagen der Geliebten, weil sie nicht weiß, ob sie von ihrem Liebhaber treulos verlassen worden ist. Eine große Ähnlichkeit zwischen ihnen und dem Hohenlied finden wir in den Orten, zu denen sich die Liebenden begeben oder auffordern. Sie sehnen sich fort aus dem Lärm und Trubel des Stadtlebens nach der Stille der Natur, in der sie ganz für sich sein können. So ruft Sulamith dem Geliebten in 7,12 ff. zu:

»Ich gehöre meinem Geliebten,
   und ihn verlangt nach mir.
Komm, mein Geliebter, wandern wir auf das Land,
schlafen wir in den Dörfern.
Früh wollen wir dann zu den Weinbergen gehen
   und sehen,
ob der Weinstock schon treibt,
ob die Rebenblüte sich öffnet,
ob die Granatbäume blühen.
Dort schenke ich dir meine Liebe.«

Eine weitere Übereinstimmung zeigt sich in der spannenden Erwartung, mit der die Freundin auf den Freund wartet, und auch in der stürmischen Hast, mit der sie ihm ent-
gegeneilt. Am erstaunlichsten ist die Ähnlichkeit in der
Schilderung der körperlichen Reize:

»Alles ist schön an dir, meine Freundin,
und kein Makel ist an dir« (Hoheslied 4,7).
»Meine Freundin ist voll Entzücken,
die Erde scheint wider von ihren Reizen«
   (Ägyptisches Liebeslied).

Zum Schönheitsideal für den sinnlichen Orientalen gehören vor allem auch volle und feste, hervorstehende Brüste.
Der Freund im Hohenlied hebt diesen Reiz zweimal mit
den Worten hervor:

»Deine beiden Brüste sind gleich zwei Rehkälbchen,
Zwillinge einer Gazelle, die unter Lilien weiden«
(4,5; 7,3) – und sehr realistisch stellt auch Sulamith
diesen Schmuck ihres Körpers dar:
»Meine Brüste sind Türmen gleich« (8,10).

Der Vergleich der Brüste der ägyptischen Schönen steht denen im Lied der Lieder an sinnlichem Reiz nicht zurück: »Zwei Kränze waren ihre Brüste« – »Ihre Brust Parfüm«.

Überhaupt die Gerüche und Düfte. Das Hohelied liest sich wie eine Anleitung zur Kosmetik:

> *Wie schön ist deine Liebe, meine Schwester Braut;*
> *wieviel süßer ist deine Liebe als Wein,*
> *der Duft deiner Salben köstlicher als alle Balsamdüfte.*
> *Von deinen Lippen, Braut, tropft Honig;*
> *Milch und Honig ist unter deiner Zunge.*
> *Der Duft deiner Kleider ist wie des Libanons Duft«*
> *(4,10–11).*

Der Libanon wirkt mit seinen würzigen Kräutern und balsamischen Zederbäumen erfrischend, stärkend und belebend. Viele Bilder zielen auf das duftende Aroma ab, so auch im ägyptischen Liebeslied: »Mein Haar ist schwer von Parfüm.«

Das Hohelied – ein erotisches Fest

Dem Verzicht auf eine moralische Interpretation entspricht eine Deutung, der wir im folgenden nachgehen wollen, die im Hohenlied die freie Bewegung und die unbekümmerte Liebe im Milieu des ländlichen Hirtenlebens entdeckt (7,12 f.): »Das Hohelied scheint nichts Böses darin zu sehen, daß die beiden den Augen der Menschen entfliehen, um sich einander ungestört hingeben zu können. Auch das Mädchen scheut sich nicht, seine Gefühle zu äußern. Einzigartig ist der Geliebte, einmalig auch die Liebe. Nichts ist ihr vergleichbar. Nichts und niemand kann die Geliebten trennen: ›Ich bin meines Geliebten, und mein Geliebter ist mein‹ (Hld 6,3), obwohl es doch eine heimliche, nicht legitimierte Liebe ist. Einer der Texte, bei dem man mit aller Wahrscheinlichkeit eine voreheliche Liebesbeziehung voraussetzen muß, ist das Lied (...) 3,1–5. Wie sollte das Lied anders zu verstehen sein, als daß sich zwei Liebende bei Nacht heimlich suchen und finden. Denn eine Frau sucht wohl kaum ihren Ehemann nachts auf den Straßen. Unsere christlichen Ausleger helfen sich meist damit, daß sie dieses Lied als ›Mädchentraum‹ verstehen, der keinen Realitätsbezug hat. Aber gibt es überhaupt Träume ohne Realitätsbezug? Und ist es nicht gerade die Dichtung, die des Menschen Nacht- und Tagträume ernst nimmt und gestaltet? Daß solche Lieder in Israel gesungen wurden, macht doch allein schon wahrscheinlich, daß die Mädchen auch taten, was sie sangen, und daß die Mutter den Verliebten Unterschlupf gewährt, zeigt ihr Verständnis für eine solche Situation vielleicht aus eigener Erfahrung. Offenbar galten die strengen Maßstäbe, die wir Christen an diese Texte des Alten Testaments anlegen, zu ihrer Zeit nicht« (HERBERT HAAG).

Das Hohelied ist also zunächst einmal eine Aufforderung an Kirche und Christen, endlich ein unbefangenes Verhältnis zu Erotik und Sexualität (wieder) zu gewinnen, und »unbefangen« heißt nach HELMUT GOLLWITZER: *»sich freuen, daß es das gibt:* diese Lust – eine der mächtigsten und herrlichsten Empfindungen – ist ein wunderbares Geschenk des Schöpfers. ›Schaut her‹, sagt die Bibel, ›hört ihnen zu, diesen zwei Verliebten, wie sie sich aneinander freuen, jeder am andersartigen Leib des anderen – wie sie sich verzückt betrachten, nackt und bloß, von oben bis unten – wie sie sich sehnen nach der nächtlichen Umarmung und Vereinigung«.

Das Lied der Lieder zeigt uns ein unverkrampft erlebtes Spiel von zwei jungen Menschen; es ist zugleich Symbol und Erfüllung ihrer totalen Zusammengehörigkeit. Welche neue Qualität könnte die Sprache der Erfahrung gewinnen, wenn sie sich an der Liebessprache des Hohenliedes orientierte: ohne Ängstlichkeit vor Sexualität, ohne rigide Moral, ohne falsches Schweigen oder zwanghaftes Verheimlichen, ohne verkrampftes Gerede von »Zweierbeziehungen«, ohne Fabeleien von einer »reinen«, geistigen, angeblich höheren Form der Liebe. Nichts deutet in diesen Texten darauf hin, daß hier die Ehe, nur wenig, daß eine Hochzeit besungen würde, denn gerade weil die zwei unverheiratet sind, sehnen sie sich nach Plätzen, an denen sie ungestört miteinander schlafen können (7,12 f.; 8,1 f.), bitten sie die Wächter der Stadt um Nachsicht. »Es hilft nichts, die beiden lieben sich und schlafen miteinander, ohne daß irgend jemand es ihnen erlaubt hat« (HELMUT GOLLWITZER).

Das Lied der Lieder legt uns die Testfrage für die Einstellung zur Sexualität junger Menschen vor: »Wie haltet ihr es mit dem Recht der durch nichts anderes als durch sich selbst legitimierten Liebe?« In heutigem Verständnis würde eine solche Auffassung mit der unheiligen Allianz von bürgerlicher Doppel- und kirchlicher Sexualmoral brechen. Aber sie gibt auch Orientierungshilfen für eine neue Sexualethik: vollkommene Ebenbürtigkeit der Frau, die sich nicht mehr selbst verleugnet; Leidenschaft ohne Macht- und Herrschaftsdruck; Ganzheit der Sexualität ohne Trennung von Geist und Leib; Vertrautwerden zweier Menschen in der liebenden Begegnung; Verbundenheit von personaler und sinnlicher Liebe; Bejahung der Lust, die sich gegenseitig geschenkt wird; Befreiung der Sexualität aus verdinglichenden Fesseln. KARL BARTH hat recht gehabt, als er das Lied der Lieder eine »Magna

Charta der Humanität« genannt hat. Und auch DIETRICH BONHOEFFER ist zuzustimmen: »Ich möchte es tatsächlich als irdisches Liebeslied lesen. Das ist wahrscheinlich die beste ›christologische‹ Auslegung.« HEINRICH BÖLL zu guter Letzt hat es auf unnachahmliche Weise zugespitzt: »Ich mag mir nicht vorstellen, wieviel freudlose Ehen und wieviel Milliarden freudloser ehelicher Pflichtübungen es gegeben haben könnte: ganze Kontinente voller formloser bzw. ungeformter Inhalte. ...Es bedarf keiner großen psychologischen oder psychiatrischen Erfahrung, es bedarf nur eines Ansatzes von Phantasie, um zu ahnen, für wie viele Menschen die Freudlosigkeit ihrer Geschlechtlichkeit zur Krankheit gereicht hat – und wie viele durch die Freude daran geheilt worden sind.«

Und so ergeht es uns mit dem Liebeslied der Bibel: Es erinnert uns an unser ungelebtes Leben, an ungesungene Lieder und ungetanzte Tänze, an unser ganzes vereinseitigtes Menschsein und verdürftigtes Christentum, das die erotischen Aspekte des Lebens so gründlich ausklammert und seinen zweckfreien, spielerisch-zauberischen Elementen kein Recht mehr zuzugestehen scheint. Wir haben in dieser Sammlung von Liebesliedern ein Beispiel dafür, wie das Leben eigentlich sein könnte: ein erotisches Fest. Erotik, Poesie, die nicht zweckgerichtet ist, nicht nur auf Fortpflanzung bedacht, nicht außerhalb dieser Funktionen verurteilt und verteufelt werden muß. Ein erotisches Fest, das die Sexualität kultiviert und zum Blühen bringt, denn ohne dieses Blühen versteinert sie und wird mechanisch. Das erotische Fest in den Weinbergen, das Sulamith und Salomo feiern, ist lustvolle Zeitverschwendung, überhaupt reinste Verschwendung, köstlich und anarchisch, frei also von jeder Herrschaft. Hingabe und Eroberung verlieren ihren sexistischen Charakter und gewinnen ihr Eigenes zurück, ihre lustvolle Subversivität, ihre Zärtlichkeit und Freude. Erotik hebt die genitale Fixierung der Sexualität auf, öffnet der Geschlechtlichkeit einen befreienden Raum.

Ich muß noch einmal auf das Mißtrauen des Christentums und der Kirchen gegen die Erotik zurückkommen. Sie haben dieses Befreiende der Erotik nicht erkannt und schon gar nicht gewürdigt. Sie haben sie nur als Gegner gesehen und nicht als Freund auf dem Weg zur Erlösung. Diese Feindschaft dem Eros gegenüber hat patriarchalischen, ja phallokratischen Charakter, sie vermag das Weibliche, Dunkle, Materielle nicht gelten zu lassen. Sie hat nur das hohe Ethos der Agape entwickelt und den Eros restlos ausgeklammert, die eine mit schenkender Selbstlosigkeit, den anderen mit nehmender Selbstsucht definiert. Aber dieser absolute Gegensatz geht nicht nur an der Bibel – wie so vieles im Christentum –, sondern auch an der Wirklichkeit vorbei. Das Hohelied ruft uns in Erinnerung, daß wir uns des einen um des anderen, vermeintlich Höherwertigen nicht zu schämen brauchen. Ja, mehr noch: Es zeigt uns eine Vision, eine Utopie, die jetzt noch keinen Ort in der Geschichte hat. »Die Zeit des Hohenliedes ist jetzo nicht, sie wird erst kommen, wenn mehr Licht auf die Erde kommt« (FRIEDRICH CHRISTOPH OETINGER). »Das Leben ist subversiv. Die Liebe ist der Agitator«, schreibt ERNESTO CARDENAL. Das Reich Gottes wird ein Reich des Eros sein, oder es wird nicht sein.

FÜNFTER TEIL

Gott ist die Liebe

Perspektiven des Neuen Testaments

Du wärst am Ende mit mir,
wenn ich nicht eins wäre mit dem,
der keine Grenzen kennt.

PAUL CLAUDEL

Das Glück von Jesus lernen

Im Neuen Testament ist Jesus der große Liebende, von ihm können wir Glücks- und Liebesfähigkeit lernen. DOROTHEE SÖLLE hat geschrieben, daß sie Jesus von Nazaret für den glücklichsten Menschen hält, der je gelebt hat: »Ich denke, daß die Kraft seiner Phantasie aus dem Glück heraus verstanden werden muß. Alle Phantasie ist ins Gelingen verliebt, sie läßt sich etwas einfallen und sprengt immer wieder die Grenzen und befreit die Menschen, die sich unter diesen Grenzen in Opfer und Entsagung, in Repression und Rache ducken und sie so ewig verlängern. Jesus erscheint in der Schilderung der Evangelien als ein Mensch, der seine Umgebung mit Glück ansteckte, der seine Kraft weitergab, der verschenkte, was er hatte. ... In diesem Sinne hat auch Jesus nicht auf sein ›Ich‹ verzichtet, man kann eher sagen, daß sein Sterben eine letzte, endgültige Bestätigung seines Ich-Sagens, seines unerhörten Satzes ›Ich bin das Leben‹ war. In der älteren religiösen Sprache ausgedrückt, würde das bedeuten: Man kann wohl sein Leben, nicht aber die ewige Seligkeit um anderer willen hingeben. Selbst wenn man meint, man opfere sie für einen anderen, so gibt man sie doch nur dem Teufel, was sich an den Folgen zeigt, die ein solch beflissenes Gehorsamsverhalten und Aufopfern hat – das Reich der angestrengten Leistung und der Unzufriedenheit breitet sich aus. Auch für Jesus und gegen alle heteronome Begründung seines Entwurfs gilt: Je mehr Glück, um so mehr Fähigkeit zu wirklicher Preisgabe. Von Christus ist zu lernen: Je glücklicher einer ist, um so leichter kann er loslassen. Seine Hände krampfen sich nicht um das ihm zugefallene Stück Leben. Da er die ganze Seligkeit sein nennt, ist er nicht aufs Festhalten erpicht: Seine Hände können sich öffnen.«

Daß im Verhalten Jesu eine erotische Kultur, eine »Theologie der Zärtlichkeit« entdeckt werden könnte, darauf hat schon HEINRICH BÖLL aufmerksam gemacht. Umarmungen, Gesten, gemeinsames Essen und Trinken, Fußwaschen, Gespräch sind Zeichen für eine erotische Kultur, die messianisch-präsentische und eschatologische Züge zugleich trägt. Eros ist ja umfassender als Sexus, er schließt Sexus und Agape ein und weist über sie hinaus. In diesem Sinn haben wir in Jesus einen erotischen, liebenden Menschen vor uns, eine Inkarnation der Erotik Gottes, was uns die asketisch-hellenistische Auslegungstradition lange verschwiegen und unterschlagen hat: »Die furchtlose Unbefangenheit Jesu im Umgang mit Frauen wäre demnach nicht auf eine prinzipielle erotische Unansprechbarkeit, sondern eher auf eine geglückte Integration des Eros zurückzuführen« (KURT MARTI).

Verglichen mit der Liebes- und Gottessprache des Alten Testaments ist die Rede von der Erotik Gottes im Neuen Testament verhaltener, weniger explizit. Das scheint mir daher zu kommen, daß mit Jesus eine unmittelbare, glaubwürdige Anschauung dieser Erotik direkt erfolgt. Das Leben und Lieben dieses göttlichen Menschen vor Augen, erschien den Menschen des Urchristentums das Göttliche und Erotische gleichermaßen erlebbar: eine ungeheuer faszinierende Einladung zur Nachfolge in einer erotisch inspirierenden Gemeinschaft. Schon durch die Tatsache, daß die Erinnerung an Jesus, den Liebenden, in der erotischen Geste des festlichen Mahls, der Tisch- und Erzählgemeinschaft nicht nur beschworen, sondern gefeiert wurde, zeigt sich eine unmittelbare, klare und deutliche Erotisierung des christlichen Glaubens an.

Die Leib- und Menschwerdung Gottes

Die zentrale Aussage, daß Gott den Menschen »nach seinem Bild« (Genesis 1,27a), und zwar »als Mann und Frau« (1,27b) geschaffen hat, läßt präzise Rückschlüsse auf die Anschauung zu, Gott selbst habe die Menschen *aus Liebe* ins Leben gerufen, weil er selbst *Liebe* ist. In jeder erotischen Berührung, auch in jeder sexuellen Vereinigung der Menschen bildet sich diese Liebe ab, solange sie herrschaftsfrei erfahren wird. Im Neuen Testament ist es völlig unmöglich, die Sexualität zu vergöttlichen oder zu verdammen; sie ist – zumindest in den synoptischen Evangelien – Gabe des Schöpfers, Abbild seiner liebenden Energie (Markus 10,6; Matthäus 19,4). Nirgendwo wird die Leiblichkeit abgewertet, die Sexualität schamvoll verschwiegen, nirgendwo kommen Prüderie, Heuchelei, Verkrampftheit oder Demütigung zum Ausdruck. 1 Timotheus 4,4 bekennt ausdrücklich: »Denn alles von Gott Geschaffene ist gut, und nichts ist verwerflich, wenn es dankbar empfangen wird.« Auch Paulus hat neben wirklich unzulänglichen und wenig überzeugenden theologischen Formulierungen, über die zu streiten sich lohnt, zumindest das erkannt: »Denn wie die Frau vom Mann stammt, so ist auch der Mann durch die Frau. Alles aber kommt von Gott« (1 Korinther 11,11 f.).

»Und das Wort ist Fleisch geworden« (Johannes 1,14). Ich kann diesen Satz, der ja so weitergeht, daß das Fleisch »unter uns gewohnt hat«, nicht anders verstehen als ein Eingehen Gottes in die Leiblichkeit und Kreatürlichkeit des Menschen. In dieser berühmten Stelle wird ausgesagt, daß Gott selbst zum Logos, zum Wort, zur Sprache wird, aber welche Sprache könnte es sein, wenn es nicht die Sprache der Liebe ist? Inkarnation, Leib- und Menschwerdung Gottes hat auch diese Bedeutung, daß Gott in Jesus Christus ein leiblich Liebender wird, ja daß seine Beziehungssehnsucht erotischen Ausdruck in *diesem* Menschen für *alle* Menschen findet. Inkarnation, Fleischwerdung Gottes, Zeugung und Geburt aus einer Frau lassen sich nicht enterotisieren, und auch die sexuelle Symbolik dieses Vorgangs läßt sich nicht ausklammern oder verschweigen.

Gleichwohl bleibt »Fleisch« ein theologisch umstrittener Begriff, wenn auch wohl klar ist, daß damit nicht das Verderben des Menschen gemeint ist, sondern seine soziale Gestalt. Es ist bekannt, daß die »Sünden des Fleisches« in den beiden Texten 1 Korinther 6,9–10 und 1 Timotheus 1,9–10, in denen Paulus eine Rangfolge der Sünden entwickelt, an prominenter Stelle erscheinen. Wenn man annimmt, daß Paulus in dieser Aufzählung eine durchaus wohlüberlegte Abstufung vornimmt, könnte man von der Geburtsstunde der christlichen Sexualmoral sprechen. Von nun an gab es Sünden gegen den Leib, die im Gebrauch oder Mißbrauch sexueller Neigungen gründete, die Lust des Fleisches, die Konkupiszenz. Indem Paulus einen Kodex verbotener Handlungen aufstellt, wird ein neues Ideal – auch gegen die griechisch-römische Welt – formuliert und gegen die zulässige und legitime Ausübung der Sexualität in der Ehe gesetzt: die Unberührbarkeit, Jungfräulichkeit, Keuschheit – *bonum est homini mulierem non tangere*. Dieser moralische Entwurf wurde rasch zur Ideologie. Zweifellos plädierte Paulus nicht für die Fortpflanzung, er war viel zu sehr vom nahen Ende aller Zeiten überzeugt. Die Ehe schien ihm ein legitimes Mittel zu sein, auf das man freilich verzichten sollte, sofern man nur konnte, um eine Begierde zu befriedigen, die man nicht zu beherrschen wußte: Es ist besser zu heiraten als zu brennen. Die Ehe ist das kleinere Übel.

Die Evangelien haben dagegen die personale Beziehung

der Liebe zu Gott und Mensch an die Stelle ethischer oder juristischer Prinzipien gesetzt. Der Satz des Paulus »Hier gilt weder Jude noch Grieche, weder Sklave noch freier Mensch, weder Mann noch Frau, denn alle sind wir eins in Christus« (Galater 3,28) läßt sich wiederum nicht anders verstehen, als daß er wie ein Sprengsatz gegenüber der alten patriarchalischen Ordnung wirkte. Die Liebe wird, wenn man es auf eine griffige Formel bringen will, dem Gesetz, oder besser: der Gesetzlichkeit entzogen. Selbst der rigoristische Keuschheitsbegriff läßt sich nur auf dem Hintergrund einer Einladung zu größerer Liebe verstehen, die ganz der Entscheidung des einzelnen überlassen bleibt. Er kann nicht gesetzlich begriffen, sondern allenfalls gesetzlich mißverstanden werden. Jesus lebt die große Einladung zur Liebe vor, aber er verpflichtet nicht auf sie. Der Reflex der Moderne, zusammen mit der Moral, dem sittlichen Wächteramt der Kirche, der rigoristisch verengten Ethik auch gleich die ganze Religion aus dem Schlafzimmern zu vertreiben, ist biblisch nicht zu begründen. So verständlich es ist, mit der ganzen auch negativen Wirkungsgeschichte christlicher Moral im Rücken die Sexualität zur Privatsache zu erklären, in die sich niemand einzumischen habe (die Kirche erst recht nicht), so klar ist auf der anderen Seite die Tatsache, daß zumindest das Neue Testament das Mißverständnis abwehrt, Christsein und Religion ließen sich auf die Sphäre der Innerlichkeit, auf die Dominanz des Privaten begrenzen. Die Religion hat politischen Charakter und kann christlich nicht auf einen Intimbereich abseits öffentlicher Verantwortung reduziert werden. Wer das anerkennt und sein Christsein politisch versteht, es in gesellschaftlichem Engagement zu realisieren versucht, wird nicht gerade die Erotik aussperren können. In der Bibel findet sich dafür jedenfalls kein begründeter Anhaltspunkt. Aber er könnte dafür eintreten, die platonisch-stoischen Überfremdungen in unserer abendländischen Tradition in Frage zu stellen. Angewiesen auf das Evangelium und die Liebe zu Christus, um es so ungeschützt religiös zu sagen, wird er den Menschen in seiner Ganzheit im Blick haben. Und erst die ganzheitliche Erlösung und Befreiung meint das Neue Testament, wenn es vom *Leib* als Ort der Anbetung, als Tempel spricht (Römer 6,12ff.; 12,1; 1 Korinther 6,19f.; Johannes 7,36).

Gottes Liebe sein – Der erste Johannesbrief

Der erste Johannesbrief ist eine Magna Charta der in Liebe zu Christus verbundenen Menschen. In diesem ganzen Brief geht es um nichts anderes, als wie Christen glaubend und liebend zueinander und damit zu Gott finden, um in Christus neu zu werden. Denn um Liebe zu erkennen (und »Erkennen« hat ja, wie wir aus dem Alten Testament wissen, mit »Lieben« zu tun), war das Leben und Sterben Jesu nötig; das heißt, eine Liebe, die an ihm vorbeizugehen versucht, ist im neutestamentlichen Verständnis gar keine Liebe. Auch hier wird Liebe nur als möglich begriffen, weil Gott »zuerst«, zuvorkommend geliebt hat.

»Daran haben wir die Liebe erkannt, daß er sein Leben für uns hingegeben hat. Und auch wir sind verpflichtet, für die Brüder das Leben hinzugeben. Wir wollen nicht mit Worten lieben und mit der Zunge, sondern in Tat und Wahrheit. Daran werden wir erkennen, daß wir aus der Wahrheit sind. Darin besteht die Liebe, nicht daß wir Gott geliebt haben, sondern daß er uns geliebt und seinen Sohn als Sühne für unsere Sünden gesandt hat. Geliebte, wenn Gott uns so geliebt hat, müssen auch wir einander lieben. Gott hat kein Mensch je gesehen. Wenn wir einander lieben, dann bleibt Gott in uns, und seine Liebe ist in uns vollendet« (1 Johannes 3,16; 18–19; 4,10–11).

Drei Aspekte scheinen mir in der Konsequenz dieser biblischen Aussagen besonders bemerkenswert.

Erstens: Gottesliebe ist von Menschenliebe nicht getrennt. Der Autor des Johannesbriefes hätte ja auch spiritualistisch schreiben können: Weil Gott uns so zuvorkommend und so unendlich liebt, müssen auch wir ihn lieben. Aber er sagt: Wenn Gott uns so geliebt hat, müssen auch wir *einander* lieben. Die Liebe Gottes will nicht sich selbst genügen, und wer nur Gott lieben will, nicht aber die Menschen, liebt auch Gott nicht. Gott will Liebe nicht für sich, er will in die Liebe der Menschen hinein: ein Akt der Vereinigung, der Hingabe, ein Liebesspiel. Gottes Liebe ist keine gedachte Angelegenheit, keine theologische Theorie, keine religiöse Vorstellung. Sie ist ganz Tat, sie ist Aufforderung und Ermunterung, Verführung und Anstiftung, daß Menschen sich lieben können. So wird aus dem Imperativ des alttestamentlichen Liebesgebots ein Indikativ: Menschen sind zur Liebe fähig, weil Gott und indem Gott sie liebt. Und je tiefer und ernster sie lieben, um so tiefer und erfahrbarer ist Gott in ihnen anwesend.

Zum zweiten: Gottesliebe und Menschenliebe sind aber nicht nur korrespondierend aufeinander bezogen, sie sind identifikatorisch so miteinander verbunden, daß die eine ohne die andere gar nicht sein kann. Die Liebe Gottes ist zwar eine Vor-Liebe, aber sie kommt erst zu ihrer Ganzheit (oder Vollendung, wie der Brief sagt), wenn Menschen einander lieben. Liebe ist der Weg, auf dem Gott zu uns kommt und in uns bleibt; sie ist eine Wohnung des lebendigen Gottes gegen den Tod.

Zum dritten: Liebe ist nur dann und dort Liebe, wo sie zur Tat wird, oder wie wir heute sagen würden: wo sie zur Praxis wird. Sie ist mit der Frage nach Wahrheit untrennbar verknüpft, das heißt, wir kommen nicht an der Liebe vorbei zur Wahrheit unseres Lebens. In dem Maße, wie Liebe *Tat* wird und nicht nur wohlklingende Absichtserklärung, vollmundiges Sozialprogramm oder folgenloses Gerede bleibt, wird die Wahrheit, Ganzheit und Schönheit des Lebens offensichtlich. Theologisch formuliert: Der Glaube an die Liebe Gottes ist nichts, solange er nicht praktisch wird. Damit werden Orthodoxie und Orthopraxie in eins gesetzt, werden Offenbarung und Erfahrung miteinander verflochten. Aber der Autor des Johannesbriefes geht noch einen Schritt weiter: Er verknüpft die Liebe Gottes folgenreich mit der Liebe der Menschen. Gott wird sichtbar, wenn wir lieben. Gott macht den unwiderruflichen Anfang, in der *charis*, in der Gnade, im Geschenk seiner Liebe. Aber wie jedem Liebhaber kann es ihm passieren, daß seine Liebe ins Leere geht, wenn sie nicht erwidert wird. Anders als jeder Liebhaber jedoch will Gott die Liebe der Menschen nicht für sich: Es soll vielmehr mehr »Gott« werden auf Erden, mehr Befreiung, mehr Leben und mehr Zukunft durch die Weise, wie Menschen einander lieben. Die Liebe wird nicht auf ein privates Phänomen, nicht auf Zweisamkeit reduziert, sondern erhält eine soziale, politische Komponente. Wir tragen dazu bei, daß Gott sich verwirklichen, sich inkarnieren kann in das Leben der Erde hinein.

Lieben heißt im ersten Johannesbrief kompromißlos und befreiend, immer mehr Christus ähnlich zu werden, immer mehr Gott zu entsprechen, immer tiefer Gott zu verwirklichen, sich mit *seiner* Liebe zu identifizieren. Darin liegt auch der erste und tiefste Schritt des Glaubens. Der satzhafte, wortreiche, dogmatisch korrekte Glaube zählt nichts, ohne daß er Entsprechung in der Liebe selbst findet.

Das Liebeslied des alttestamentlichen Evangeliums hatte noch verkündet: »Die Liebe ist stark wie der Tod« (Hoheslied 8,6) – nun heißt es sogar: »Wer nicht liebt, bleibt im Tode.« Die magische Kraft des Todes, der Bannkreis der Todesverfallenheit und der Verblendung, der Tod, der als ebenso überwältigend empfunden wurde wie die Liebe, wird gebrochen und überwunden durch die Liebe.

Der erste Johannesbrief ist also eine großartige identifikatorische Leistung: Er bringt noch alles zusammen, was uns im zeitgenössischen Bewußtsein, auch in unserem heutigen Welt- und Glaubensverständnis so notvoll auseinandergefallen ist: die Erotik Gottes und die Liebe der Menschen, das Wort und die Tat, den Glauben und seine Praxis, die Offenbarung erlösender Zuwendung und die Erfahrung befreienden Miteinanderseins. Da steht nichts mehr schmerzlich getrennt nebeneinander, da ist alles miteinander verwoben in einem Bild von Schönheit und Ganzheit des Lebens: eine ökologische Sicht der Liebe, die vernetzt und untergründig verbindet, was dem Wesen nach zusammengehört – die Liebe der Menschen zu allem Lebendigen und damit zu allem, was Gott liebt.

In diesem Text ist Liebe kein innerseelisches Phänomen zwischen zwei Menschen, die sich von der übrigen Welt abkapseln, sondern Expression des Glaubens mitten in der zerrissenen Welt. Sie soll ein Kennzeichen *der* Gemeinschaft sein, die Christus nachfolgt, man könnte auch sagen: die der Liebe Gottes entsprechen will, so wie sie im Leben und Sterben Jesu zum Ausdruck gekommen ist. Und wenn die Gemeinschaft der Schwestern und Brüder nicht in Liebe, in Freundschaft und Aufmerksamkeit, im Miteinanderteilen und Engagement, in der Verlobung mit

allem Lebendigen wächst, gibt es nur die Finsternis, nicht
mehr das Licht, das alles überstrahlt und mit dem Glanz
des Glücks übersät: »Wer behauptet, im Licht zu sein, und
seinen Bruder haßt, der ist bis jetzt noch in der Finsternis.
Wer seinen Bruder liebt, der bleibt im Licht, und in dem ist
nichts, was ihn zu Fall bringen könnte. Wer aber seinen
Bruder haßt, der ist in der Finsternis und wandelt in der
Finsternis und weiß nicht, wohin er geht, weil die Finsternis seine Augen geblendet hat« (1 Johannes 2,9 ff.). Die
zentrale Aussage des ersten Johannesbriefs »Gott ist die
Liebe« (4,8.16) bedeutet also nichts anderes als: Gott
wurde in Jesus ein anderer, als er selber ist, er wurde
Mensch. Und er hat in dieser Menschwerdung die Grenze
des *einen* Menschen Jesus von Nazaret überschritten, er
geht darauf aus, »alles in allem« zu sein (1 Korinther
15,28). Diese Liebe läßt sich nicht ergreifen oder festhalten, sie ist universal, gilt allem und jedem, sie umfaßt den
ganzen Kosmos. Sie sprüht vor erotischer Energie in der
Liebe zu allem Lebendigen. Sie überschreitet auch die
Liebe der Menschen, ohne sie zu überspringen, sie geht
durch diese Liebe hindurch. Gott, welche die Liebe ist,
geht uns darin voran, ihre Liebe ist menschlich und zugleich transzendent. Gott liebt nicht außerhalb der Menschen, sie liebt durch sie, in ihnen und mit ihnen. »Im
Glauben an *diesen* Gott wachsen unserer begrenzten, be-
scheidenen Liebesfähigkeit dann doch wieder neue, überraschende Flügel, die uns ein Stück weit auch über eigene
Grenzen hinwegtragen können einem andern, damit auch
Gott im andern entgegen« (KURT MARTI).

Sechster Teil

Ich bin heiser in der Kehle meiner Keuschheit

Erotische Mystik im Mittelalter

Es ist die Natur der Minne,
daß sie zuallererst in Süße fließt,
dann wird sie reich in der Erkenntnis,
und zum dritten verlangend
und gierig nach der Verworfenheit.

Mechthild von Magdeburg

Die Welt der Träume und Visionen

Das Wort »Mystik« ist sicher eines der am häufigsten ohne Sachkenntnis oder falsch angewandten von allen Wörtern, und darum erwarten wohl einige Leserinnen und Leser am Anfang dieses Kapitels eine nähere Bestimmung dieses Phänomens. Ich möchte aber die Definition, wenn es denn überhaupt eine geben kann, aus der behandelten Sache selbst hervorgehen lassen, denn die mystische Erfahrung enthält manches, das kaum in Worte gefaßt werden kann. Die allgemein gebräuchlichen Verständigungen – also etwa »Vereinigung mit Gott«, »unmittelbare Erkenntnis Gottes« oder »Auflösung des Ich im Absoluten« – bedeuten alle dasselbe, wenn es auch für die ekstatische Wirklichkeit der mystischen Erfahrung keine alles aussagende, umfassende und ideale Bezeichnung gibt. Wenn Poesie die Sprache der Phantasie ist, so ist Mystik die religiöse Phantasie selbst, besser: die Realität, die sich des Phantastischen bewußt wird. Wir alle sprechen manchmal vom mystischen Leben als von einer Weltflucht. Das zeigt jedoch nur, daß wir die realitätstüchtige Welt für die Seele unbewohnbar gemacht haben. Vom Gefängnis des sterblichen Lebens aus erscheint uns das mystische Suchen manchmal wie eine Flucht vor der Bedrängnis der Wirklichkeit. Im Grunde aber ist sie der Traum, der jeder Veränderung der Realität vorausgeht, die Vision einer anderen, gottesgewissen Welt.

Die Mystik ist voll von Träumen, Mysterien, Symbolen. Sie ist durchwoben von den Geheimnissen der Religion, ihren Ritualen und Magien, ihren Beschwörungen und Sehnsüchten. Geht man in das Mittelalter hinein, wird man hineingerissen in ein Stück Geschichte, das den Besucher bedrohlich und schweigend umfängt, das ihn aber auch fasziniert und fesselt. Die Mystik scheint das Opfer einer Mystifikation zu sein, ungezählter Verfälschungen, Mißverständnisse, Vermutungen. Nichts liegt tiefer im Dunkel als die Mystik des Mittelalters. Gleichwohl ist die Mystik eine Welt, die mich gelehrt hat, das Wesen der Religion überhaupt zu erkennen; sie ist auch die einzige Gegend auf der Landkarte des religiösen Bewußtseins, in der ich mich nicht als Fremder fühle.

In der Mystik haben wir *in nuce*, im Kern das ganze Land der Religion, eines der merkwürdigsten und widersprüchlichsten der Welterfahrung. Es ist voll von Irrationalitäten und Geheimnissen, die mich verwirren und zu bestricken versuchen und gegen die sich mein aufgeklärter Geist nur schwer behaupten kann. Aber welche Wahrheit ist wahr? Unsere »Wahrheit« des taghellen Verstandes, der aufgeklärten, sich Vernunft verschaffenden Rationalisten, die natürlich ganz genau wissen, daß der mystische Kosmos von Einsichten, kontemplativen Übungen und asketischen Verfahren ein heller Wahn ist, daß die Visionen Halluzinationen und die Ekstasen Erregungszustände sind, alles durchschaubar und erklärbar? Oder kann es sein, daß all die rätselvollen Bilder und Symbole der mystischen Erfahrung – gar keine Rätsel sind, sondern Selbstverständlichkeiten des religiösen Bewußtseins, das von hundert Gefühlen und ungezählten Empfindungen und Vorstellungen durchsetzt ist? Diese Erfahrung reicht tief ins Unter- und Unbewußte hinab, in jenen dunklen und unzugänglichen Grund der Seele, der uns ganz bestimmt, ob wir es wollen oder nicht.

Die Mystik jedenfalls, so habe ich mich belehren lassen, hat fast kaum etwas zu tun mit den Auffassungen, die heute über sie im Umlauf sind. Sie ist kein undurchsichtiger Zauber, kein vages und diffuses Gefühl, keine Geheimlehre und kein esoterisches Wissen für wenige Einge-

weihte. Sie ist eine *terra incognita* für uns, gewiß, ein un-
bekannter, un-bewußter Erdteil, den wir nur schwer in
unsere Bewußtseinssphäre integrieren können. Ihre
Quelle ist die Wirklichkeit, die blanke, bedrängende Realität, nicht die Phantasie, der Spuk, die Einbildung. Sie ist
magischer Realismus, eine verschlüsselte Wiedergabe der
Realität tatsächlicher Erfahrungen, sie denkt sich nichts
Künstliches und Erfundenes aus, sondern bannt das Wunder der Seele und der Erkenntnis im imaginativen Ausdruck. Sie liefert nie das Erwartete, sondern immer das
Unvermutete, spricht ungeniert von der Gegenwart und
Wirklichkeit der Wunder, Begnadungen und Offenbarungen, öffnet sich der Flut der Bilder und Gedanken. Sie hält
das Unmögliche für möglich, das Unglaubliche für selbstverständlich. Sie atmet etwas von der Gegenwart des My-
steriösen, die auch GABRIEL GARCÍA MÁRQUEZ einmal
bekannt hat: »Ich glaube, es hat wirklich eine Zeit gegeben, in der die Teppiche flogen und die Geister in Flaschen
gefangen waren. Ich glaube, daß die Eselin Balaams
sprach, wie es in der Bibel steht, und das einzig Bedauerliche ist, daß man ihre Stimme nicht auf Tonband aufgenommen hat; und ich glaube, daß Josua die Mauern von
Jericho mit der Macht seiner Posaunen zum Einsturz
brachte, und das einzig Bedauerliche ist, daß niemand die
Noten der Zerstörungsmusik aufgeschrieben hat. Ich
glaube schließlich, daß der Lizentiat Vidriera – von Cer-
vantes – wirklich aus Glas war, wie er es in seinem Wahn
glaubte (...). Mehr noch: ich glaube, daß andere Wunder
dieser Art immer noch geschehen, und wenn wir sie nicht
sehen, so nur deswegen, weil uns der obskure, verdum-
mende Rationalismus, den uns schlechte Literaturprofessoren eingepaukt haben, daran hindert.«
Doch nicht nur schlechte Literaturprofessoren, lieber
Márquez, sondern auch schlechte Philosophen, Literaten

und Theologen tragen Schuld daran, daß wir mit der Gegenwart des Jenseits im Diesseits, mit der Welt der Wunder und Möglichkeiten, der Träume und Visionen nichts mehr anfangen können. Besonders die Theologie gebärdet sich heute so, als hätte sie von der Dialektik der Aufklärung, dem Ineinander von Irrationalität und wissenschaftlichem Fortschritt, kaum Kenntnis genommen und vor allem nichts begriffen. Sie hat sich auf so fatale Weise dem Diktat vernünftiger Einsichten und abstrakter Reflexionen verschrieben, daß von ihr keine Auskünfte mehr erwartet werden können, wie und wo und aus welchen Quellen Religion heute lebt. Sie ist endgültig die blutleere und farblose Theorie der »Mauerkirchen« geworden, die sich wissenschaftsimmanent nur noch mit den Problemen auseinandersetzen kann, die sie selbst hervorbringt: Probleme dogmatischer Spekulationen und kirchlicher Überlebensstrategien. Nein, ich habe kein Feindbild von der zeitgenössischen Theologie, wie sie sich im westlichen Europa dieser Tage ausgestaltet und ihre eigene Überflüssigkeit zelebriert. Aber ich bin zutiefst enttäuscht darüber, wie gründlich sie ihre mystische Dimension ausgeblendet hat, so daß sie vom Licht der Erkenntnis gar nicht mehr berührt werden kann. Träume wollen erkämpft sein, und gerade dazu fehlt der modernen westlichen Theologie die Kraft und wohl auch die Einsicht.

Abschied von den alten Gottesbildern

Die mystische Rede von Gott stellt eine ganz andere Qualität religiöser Sprache dar. Mystik ist grenzenlose Sehnsucht nach dem Göttlichen, ist religiöse Beziehungsfähigkeit jenseits von Naivität und Berechnung. Sie ist das Verlangen, einzutauchen in die Fluten des göttlichen Geschehens. Eine Religion, die frei von Mystik ist, die – um mit KANTS ernüchterndem Beispiel zu reden – »innerhalb der Grenzen der bloßen Vernunft« verharrt, ist starr und leer, bleibt Formel und Ordnung, ohne Sehnsucht und den überspringenden Funken der Liebe. Mystik wendet sich an das Gefühl, und schon dieser Umstand kennzeichnet ihre Erfahrung und Sprache auf ganz eigene Weise, aber sie ist alles andere als bloße Schwärmerei ohne Bezug zur Realität. Die mittelalterlichen Mystiker haben sie in ihrer paradoxen Sprechweise »trunkene Nüchternheit« und »nüchterne Trunkenheit« genannt. Darin kommt etwas sehr Wahres zum Ausdruck: daß Mystik nämlich beides ist, Rausch des Erlebens und dunkle Nacht der Nichtigkeitserfahrung. Ihre Sehnsucht ist ohne Grenzen, sie geht so weit, bis sie der Einheit von Gott und Mensch, der *unio mystica* ansichtig wird. Mystik ist die Erfüllung der Seele, und darum läßt sie sich nicht beweisen wie die sichtbaren, hinfälligen Dinge der Erde; sie läßt sich nur erleben. Selbst die mystische Spekulation trägt noch einen Funken seelisch-geistiger Erschütterung in sich. Die Mystik kann man weder berechnen noch einordnen, sie ist ein archaisches Erfahrungsmaterial der Seele, sie will das Unbedingte, Unbegrenzte, Ewigeine, indem sie sich in ihm aufgibt und verliert.

Wenn Gott als ungreifbar und gestaltlos erlebt und erfahren wird, versagt notgedrungen auch die Sprache.

Wenn das Unaussprechliche zum Ausdruck kommen soll, verweigern sich die Worte, die uns zur alltäglichen Verständigung durchaus zur Hand sind. So ist die negative und paradoxe Ausdrucksform der Mystiker zu erklären: Sie wissen nur das eine, daß Gott als solcher überhaupt nicht zu schildern und zu erklären ist. Das allein darf man behaupten: daß er nicht vorzustellen, nicht auszudenken ist. Er läßt sich also nur negativ umschreiben. Wir müssen, wie der Mystiker JAN VAN RUYSBROEK sagt, »mit Jesus auf den Berg unserer Bilderlosigkeit steigen« – und weiter: »Ein geschaffenes Gefäß kann ja kein ungeschaffenes Gut fassen. Darum bleibt da ein ewig hungerndes Sehnen, und Gott fließt darüber weg in einem Nichtgewähren.« In ständig schmerzender Einsicht und Klage bekennen die Mystiker diese allzu rasche Ermüdung und Erschöpfung nach dem Aufstieg der Seele in einsamste Erkenntnis. Dennoch versuchen sie immer wieder und unablässig, wenigstens eine Andeutung, eine ferne Vorstellung der Erfahrung dieses Gottes zu geben. MEISTER ECKHART drückt es so aus: »Gott ist ein überseiendes Nichtsein« oder »Gott ist für sich selber: Sein; für das Begreifen der Kreatur ist er ein Nichts«. Bei RUYSBROEK lesen wir: »Es ist die höchste Kenntnis von Gott, welche der Mensch im aktiven Leben erreichen kann, daß er solches im Lichte des Glaubens erkennt: wie Gott unbegreiflich und unerkennbar ist.« JOHANNES TAULER sagt: »Gott ist in allen Dingen weit verborgener, als irgendein Ding sich selbst im Grunde der Seele ist, verborgen allen Sinnen und innen im Grunde völlig unerkannt.« Wir sollten uns bewußt halten, daß hier von dem geredet wird, was ECKHART auch die Gottheit nennt, das Überwesentliche, die Idee, welche die Scholastiker als *natura naturans* bezeichnet haben. In die Sehnsucht nach der Berührbarkeit Gottes mischt sich das schmerzende Wissen um die Abgeschiedenheit und Ferne des ersehnten Gottes. Diese abgrundtiefe Einsamkeit Gottes aber als erstarrt, als kalt und tot, gleichsam als einen drohend reglosen Gletscher zu betrachten wäre falsch. Wie sollte dann aus Leblosem das Lebendige der Schöpfung strömen, aus Unbegreiflichem das Begreifliche? Die Negativität der Gottesbestimmung formuliert nur den allerdings unübersehbaren Vorbehalt, daß sich Unbedingtes von Bedingtem, Ewiges von Zeitlichem weder zwingen noch bestimmen läßt.

Angesichts des mystischen Gotteserlebnisses relativiert sich alles historisch Bedingte, alle Tradition, alle Geschichte, auch alle Institution. Sie werden nicht gleichgültig, aber sie verlieren ihre unausweichliche Dominanz über die Erfahrung der Seele. Was unumstößlich gilt, ist die eigene Suche nach Gott, die einem niemand abnehmen kann und die auch durch nichts vermittelt werden kann. Mystik ist Expression heiliger Unmittelbarkeit und Ergriffenheit, heiliger Unberechenbarkeit der seelischen Abenteuer, welche die Psyche auf sich selbst stellt: »Der Pfaffe hat keinen Schlüssel zum Himmelreich, ęs dir aufzuschließen; du mußt selber eingehen und neu geboren werden, anders ist kein Rat, weder im Himmel noch auf dieser Welt« (JAKOB BÖHME). Das Erlebnis des Heilwerdens in der *unio mystica* ist also nicht mehr ein einmaliges, sich nur in Jesus Christus konkretisierendes historisches Faktum, es offenbart sich an jedem Menschen, immer von neuem. Es zeigt sich täglich und stündlich und ist nicht an Formeln und Regeln gebunden. Noch so intensive meditative Praxis und harte Askese kann es nicht herbeizwingen. Die Offenheit für das mystische Ergriffenwerden ist entscheidend, weder Mittler noch Zufall: »Mitten in dem Endlichen Eins werden mit dem Unendlichen und ewig sein in einem Augenblicke, das ist die Unsterblichkeit der Religion« – auf diese Bestimmung hat es später FRIEDRICH SCHLEIERMACHER gebracht. Was die Mystiker in Stunden höchster Begeisterung empfinden, in Traum, Vision und Ekstase, das Gelöstsein, die Entbundenheit von aller Schwere, das hat sie dem Himmel, aber auch dem Tod näher gebracht. Der Tod ist die letzte Bejahung des Lebens, der kleine Schritt über die Schwelle, der flüchtige Übergang. Der oft vorgebrachte Einwand, diese Erfahrung, Gott in sich selber tragen zu können, sei letztlich mit der Vernichtung und Entwertung der eigenen Persönlichkeit erkauft, ist bei näherem Zusehen nicht zu halten: Nicht um Untergang und Lösung von der Erde geht es, sondern um die Erneuerung der Schöpfung im Menschen selbst. Er gibt das alte Ich auf, zieht den alten Adam aus, um ein neuer, anderer Mensch zu werden. Er verläßt seine altvertraute Erde, um ein neues Land betreten zu können. Auch der Himmel ist wie der Tod nicht länger die außerweltliche Lokalität: »Wir dürfen den Himmel oder Christus nicht außer uns suchen, auch nicht in den Himmel flattern oder über Meere fahren: er ist uns nahe, nämlich in uns« (VALENTIN WEIGEL).

Die Entdeckung der Liebe und die Geburt der erotischen Mystik

Um zu verstehen, wie sich die Mystik als religiöse Beziehungsphantasie und -sehnsucht überhaupt herausbilden konnte, müssen wir einen Blick auf die Veränderung der Mentalität im Mittelalter werfen. Zunächst verändert sich das erotische Bild der Frau, die Leitvorstellung des Weiblichen. Die kokette Madonna am Kölner Domgewände von 1320, in der verspielten Haltung der Grande Dame, die einen Verehrer toll machen möchte, hat mit der Mutter Gottes herkömmlicher Art nur die Feingliedrigkeit und Zerbrechlichkeit des Körpers gemeinsam. Sie verkörpert eine Weiblichkeit, die mehr ist als Fruchtbarkeit, die in ihrer Differenziertheit der Sinne, aller körperlichen und geistigen Züge mit der flachgesichtigen, ergeben bäuerlichen Frau der Spät- bzw. Hochromanik nichts mehr zu tun hat. Diese »neue Frau« hat seelisch in keiner Weise resigniert, fühlt sich als Tochter Evas durchaus nicht zweitklassig und denkt gar nicht daran, ihre weiblichen Eigenschaften zugunsten einer allgemein menschlichen »Seele« – im christlichen Sinne – hintanzustellen. Sie ist auch nicht mehr nur Gebärerin, wenn sie auch dogmatisch mit dem Kind im Arm oder in der Begegnung mit dem Verkündigungsengel dargestellt wird.

Was uns hier entgegentritt, ist zum ersten Mal im Abendland der Typus der »Geliebten«, nicht als Hetäre im illegitimen Sinn, aber in einer unübersehbaren Akzentuierung des Erotischen. Die Frau wird zentraler Beziehungspunkt für den Mann, der sich bislang sein Selbstgefühl von der Kühnheit und dem Unternehmungsgeist, von Eroberung und Kampf hat bestimmen lassen. Aus der sprichwörtlichen »Ritterlichkeit« als »Schutz der Schwachen« wird der Minnedienst. Jetzt sind es die Männer, die aus dem Kampf um ihr Selbstgefühl in die erotische Abhängigkeit der Frauen geraten, ihr »Vasall« werden. Die Frauen der höheren Stände, bislang durch wirtschaftliche Pflichten an den Kreis der Männer gebunden, sollen ihnen nun die Freuden der Liebe bereiten. Sie werden die Konstanten, die Männer die Funktionen im Bilde dieser mathematischen Gleichung.

Nun erhebt der ritterliche Minnesang seine Stimme, erklingen die Lauten der Troubadours und Trouvères in Frankreich. Die Troubadours bestehen Abenteuer, welche die Dame ihres Herzens ihnen bestimmt, lächerliche Mutproben, wie die Manessische Handschrift sie berichtet. Es ist ein erotisches Spiel, das aus der Scham ein Laster macht, indem die Frau ihren »Besitz« zur Erhöhung des Reizes und der Spannung zwischen den Geschlechtern erschwert. Dieses Spiel wandelt alle Variationen des Gefühls um und macht sie letzten Endes erotisch. Die Frauen der Ritterhöfe wollen nicht Walküre oder Amazone sein, sie wollen nicht selber kämpfen, sondern sich erkämpfen lassen. Letzten Endes sind es ihre erotischen Eigenschaften, die ihnen zu einer wirklichen Machtposition gegenüber den Männern verhelfen. Sie können das Spiel weit treiben, aber nicht so weit, daß die Männer die Nerven verlieren, mitzumachen. Ist es noch höfisch, sich für die Dame des Herzens bis zu einem gewissen Grad schikanieren zu lassen, so erfordert die Natur oft einfach ihr Recht und treibt den Mann zum wirklich unkomplizierten Liebesglück in die Arme der einfachen Magd aus dem Volke. Alles hat seine Grenzen – auch das erotische Abwehrspiel der Frauen. Doch sie sind unbefangen, frei, beweglich und vertrauen ihrer charmanten, manchmal ein wenig kapriziösen Weiblichkeit, dabei stets mit souveräner Selbständigkeit im Denken und Handeln.

Ohne Zweifel ist das Mittelalter – vor allem das späte – freier in den Sitten, es gibt noch nicht die Fesselung der Sinne, die Verbannung der Sinnlichkeit in das innere Exil, die Privatsphäre im modernen Sinn, wie wir sie heute kennen und fürchten. Die Menschen des späten Mittelalters sind ungezwungener und unmittelbarer, ihre Kultur ist geprägt vom heftigen Aufflackern der Sinnlichkeit, der Augen, der Phantasie und der Seele, verbunden mit einer zunehmenden Lockerung der gesellschaftlichen Überwachung, und zwar nicht nur in den Städten des aufsteigenden Bürgertums, sondern gleichermaßen auf dem Land. Die starren Einteilungen der ständischen Ordnungen werden erschüttert, das Leben wird gefühlvoller, leidenschaftlicher, ungebundener und intensiver. Die himmelstürmende Gotik findet ihre Entsprechung in Seele und Gefühl, was wiederum direkte Auswirkungen auf das religiöse Leben hat. Das späte Mittelalter entwickelt auch den Brauch, daß Frauen und Männer gemeinsam das Badehaus aufsuchen – eine Sitte, die im Zeitalter der Renaissance mehr und mehr Verboten zum Opfer fiel. Der Abscheu vor der Nacktheit, ein Erbe der jüdisch-christlichen Tradition, ist noch nicht so stark ausgeprägt, es wird Front gemacht gegen jede Sinnenfeindlichkeit. Die Bilder des ausgehenden Mittelalters sprechen die Betrachter an, das Sehen, der liebende Blick, die Erotik der Augen entwikkeln sich. Die Befreiung der Sinnlichkeit auf allen Ebenen reicht weit in die religiöse Sphäre hinein. Selbst an »religiösen Bildern«, am Kirchenschmuck wird ablesbar, daß die Einstellungen der Geschlechter zueinander sich verändern.

Die beiden Statuen der Synagoge und der Ekklesia am Straßburger Münster zeigen ganz sinnfällig diese Veränderung des erotischen Leitbilds: Wie unbeschreiblich anmutig trägt zum Beispiel die Synagoge am Leid ihrer Verdammtheit – es ist eine Haltung, die in jedem Mann den Tröster und Beschützer weckt. Sie ist aus diesem Erleben eines Wunschbildes gestaltet, das alle seine weiblichen Eigenschaften auf den Mann als Geliebten ausrichtet. Wieviel wärmer, seelisch ansprechender wirkt diese Straßburger Statue als ihre sieghafte Schwester, die Ekklesia, die auch wohlgestaltet ist, aber im Grunde unpersönlich und schematisiert als gutgebaute Frau schlechthin. Obwohl auch ihr Körper die schönen, eleganten Linien ihrer Schwester, der Synagoge, zeigt, entspricht das Triumphierende der Ekklesia nicht dem Ideal der Zeit.

»Das europäische Frühmittelalter erscheint nicht nur als

eine Zeit fast unablässiger äußerer und innerer Kämpfe, sondern auch als eine Zeit, in der die Liebe keinen Raum findet. Jedenfalls ist das emotionale Verhältnis von Mann und Frau ein Thema, über das man nicht reflektiert, nicht dichtet, nicht schreibt«, so der Historiker PETER DINZEL-BACHER. Doch im hohen Mittelalter kündigt sich die »Geburt des Individuums« nicht nur an, sie findet in der provenzalischen Troubadourlyrik auch ihren affektiven Ausdruck. Die *amour courtoise* ist weit davon entfernt, die Freuden der Liebe nur in ehelichen Bahnen zu suchen; die freie Wahl der Geliebten, unabhängig von wirtschaftlicher oder politischer Notwendigkeit, ist geradezu ein Signum, und gleichfalls die gegenseitige Wertschätzung und Erziehung zu besseren Menschen. Die Lyrik der fahrenden Scholaren trägt dazu bei, daß man allmählich die Scheu vor der Aussprache intimer Vorgänge und Gefühle der Erotik verliert. Sie wirkt bis in die innersten Schichten religiösen Erlebens und Sprechens nach. Nun wird die Aussage des ersten Johannesbriefes ganz konkret, ja ganz leiblich: »Gott ist die Liebe« (4,8; 4,16), nun reflektieren die großen Denker des Mittelalters, angefangen von BERNHARD VON CLAIRVAUX mit seinen aufregenden Deutungen des Hohenliedes über WILHELM VON ST. THIERRY, RUDOLF und HUGO VON ST. VIKTOR bis hin zu ABAELARD über die Liebe, widmen ihr ungezählte Traktate und Abhandlungen, als gelte es, Jahrhunderte des Schweigens und der Nichtbeachtung aufzuholen. Das Lied der Lieder des Alten Testaments wird zur inspirierenden Quelle religiöserotischen Denkens und Fühlens. Die Sehnsucht nach Gott führt zur erregenden und quälenden Suche nach immer neuen Möglichkeiten, die Nähe, ja die Einheit mit Gott zu erleben. Es ist offensichtlich, »daß Erlebnisse einer so intensiven, intimen Beziehung zu Christus eben erst ab dem 12. Jahrhundert vorkommen, von da an aber,

namentlich in der Frauenmystik, oft und oft« (PETER DIN-
ZELBACHER). Die Entwicklung geht vom *Wunsch nach
Gottesliebe zum Leben in Gottesliebe,* zur gegenseitigen
Begegnung in der *unio mystica.*

PETER DINZELBACHER faßt zusammen: »Im zwölften
Jahrhundert wird der leidenschaftlich liebende Aspekt jener vielseitigen Religion wiederentdeckt – der ›Beau Dieu‹
tritt an die Stelle des Weltenrichters, Liebes- und Leidens-
mystik beginnen. Das Individuum mit seinem persönlichen Freiraum entsteht, in den es ein Gegenüber, einen
Menschen oder den *mensch*gewordenen Gott, hineinneh-
men kann.« Gott ist der Menschgewordene, der Bruder,
der Liebende und zu Liebende, der Leidende und Mitleid
in unendlicher *compassio* Erregende. Die alte hebräische
Tradition, Gott von menschlichen Begriffen und Vorstellungen, von menschlicher Erfahrung her zu denken und zu
bezeichnen, lebt in den Kommentaren zum Hohenlied
und in ungezählten anderen mystischen Schriften wieder
auf. Die ganze Emotionalität der Christusminne und -my-
stik entlädt sich nun in erotischen Bildern einer suchenden
und vor Liebe fast vergehenden Seele, die mühselig und
sehnsüchtig brennend den Aufstieg zu Gott beginnt. Alle
religiösen Erfahrungen der kontemplativen Versunkenheit
und der ekstatischen Vision suchen Jesus, den Liebenden.
Die angestrebte *unio mystica* ist ein Liebeserlebnis, eine
erotische Erfahrung. Die Liebe wird zum Thema, das man
bespricht, besingt, vor allem aber lebt. Der Wandlung der
Frau zur Geliebten folgt eine Wandlung Gottes zum Geliebten. Man könnte sagen: Die Weiblichkeit der Frau hilft
der Genese der Menschlichkeit Gottes in der Mystik. Wir
stehen vor einem Prozeß gegenseitiger Durchdringung sä-
kularer und religiöser Mentalitäten, die in Emotionen und
Affekten einen bislang unbekannten Kontinent betreten.
Wir dürfen nicht außer acht lassen, daß die Bewegungen

der Troubadoure und der christlichen Mystiker/innen chronologisch fast gleichzeitig sind. Zwar ist der Gegenstand der Liebe für BERNHARD VON CLAIRVAUX und für die Troubadoure nicht der gleiche, so daß kurze Schlüsse über eine direkte Abhängigkeit der Trouvère-Erotik von der zisterziensischen Mystik voreilig wären. Dazu kommt, daß die Natur der Liebe in beiden Fällen sehr verschieden ist, trotz scheinbarer Analogien im Ausdruck. Doch der offensichtliche Gegensatz zwischen der höfischen erotischen Kultur und der Mystik eines BERNHARD ist nicht nur ein Gegensatz zwischen »Fleisch« und »Geist« im Sinne des Paulus, sondern vor allem einer zwischen Häresie und Orthodoxie, wie DENIS DE ROUGEMONT herausgestellt hat. Die höfische Liebe als sinnlich, die mystische nur als symbolisch zu kennzeichnen würde beiden nicht gerecht. Auch die Sprachspiele sind sich näher, als man vermuten könnte: Die erotische Sprache bringt nicht unbedingt entfesselte Sinnlichkeit zum Ausdruck, ebensowenig wie die mystische Sprache frei von jeder sinnlichen Erfahrung ist. Die Troubadoure seufzen und leiden, besingen die unglückliche Liebe, welche die Liebenden eher voneinander trennt, als daß sie sie zueinander führt. Die mystische Liebe ist immer auf Vereinigung aus, zumindest aber auf Teilhabe an der Erotik Gottes; aber auch sie ist nicht frei von Verwundungen und Enttäuschungen.

Die Bewegung der Beginen gegen Ende des 12. und zu Beginn des 13. Jahrhunderts prägt die immens wachsende Zahl und große Begeisterung einer religiösen Frauenbewegung, die sich ekstatischen Erfahrungen öffnet und mystische Sehnsucht auslebt, die aber ihren Ort außerhalb der Klöster in weiblichen religiösen Gemeinschaften sucht. Die Beginenhöfe des Mittelalters sind so etwas wie die ersten Frauenhäuser. Die religiöse Frauenbewegung ist sehr rasch gewachsen – Hunderttausende Frauen nach Papst

Johannes XII. im Jahre 1321 – im ganzen Nordwesten Europas und besonders im Rheinland und in Brabant. Der Name *Begine* stammt von den Katharern und läßt sich von *béguin* ableiten, der Bezeichnung für eine Wollmütze, die von umherziehenden Gottesfreunden getragen wurde, oder von *albigensisch*. Die Beginen, anfänglich mit den Katharern verwechselt, sind häufig von der Kirche verfolgt worden, der es nicht rigoros genug gelang, sie zu domestizieren und institutionell einzubinden. Daß sie von den Katharern und den Mystikern des Zisterzienserordens inspiriert sind, tritt schließlich in den rhetorischen Formen der höfischen Lyrik zutage, und diese Literatur sollte dann auch MEISTER ECKHART, HEINRICH SEUSE, JAN VAN RUYSBROEK und andere flämische und rheinische Mystiker beeinflussen.

Die Gedichte der Begine HADEWIJCH VON ANTWERPEN (Mitte des 13. Jahrhunderts) verraten allerdings mehr als eine Beeinflussung, sie importieren direkt Themen, Stile, Ausdrucksweisen der höfischen Liebeslyrik. Bisweilen hat man den Eindruck, einzelne Verse seien aus einem französischen oder provenzalischen Gedicht übersetzt worden. An der Grenze Flanderns befanden sich tatsächlich bedeutende Zentren der Liebesrhetorik und -dichtung. Die Katharer, die höfische Liebe und die europäische Mystik sind also keineswegs, wie manche Historiker behaupten, durch einen Abgrund voneinander getrennt. Unbestreitbar ist, daß zwischen den Metaphern der Liebe und der Mystik bestimmte Analogien bestehen. Warum nimmt die alteuropäische Mystik des späten Mittelalters ihre treffendsten Metaphern gerade aus dem Bereich der sexuellen Liebe? NOVALIS, dieser romantische Mystiker der Nacht und des verborgenen Lichts, wird später schreiben: »Man ist allein mit allem, was man liebt.« Genau das ist die Erfahrung der Mystikerinnen und Mystiker. Diese psychologische Beobachtung gibt treffend wieder, daß die Leidenschaft gar nicht jenes reichere Leben ist, von dem man träumt. Sie ist im Gegenteil eine Intensität, die alles Wünschen und Sehnen auf einen schmerzlichen Punkt konzentriert, alle Vorstellungskraft in eine Vision münden läßt: die *via mystica*, den einsamen Weg durch die Nacht der Sinne und des Begehrens.

Niemals ist der höfische Sänger, aber auch die träumende Mystikerin unsinniger von Liebe entflammt wie in den Augenblicken, in denen sie sich getrennt fühlen: der Sänger von seiner Dame, die Mystikerin von ihrem Gott. Ja, je mehr sie lieben und sich verzehren, um so tiefer wird die Trennung vom Geliebten erfahren. Der eigentliche Gegensatz zwischen beiden Arten der Liebe scheint mir darin zu liegen, daß die Mystikerin zur »geistigen Hochzeit« Gottes und der Seele in diesem Leben gelangt, während der Sänger – zumindest in seinen Liedern – diese Zuversicht nicht teilen kann oder mag. Es ist nicht schwierig, sich diesen Prozeß vorzustellen, in einem Gebet sagt Augustinus: »Ich habe dich außerhalb von mir gesucht, und ich habe dich nicht gefunden, denn du warst in mir.« Das ist noch durchaus orthodox. Die Katharer jedoch haben das Evangelium radikal idealisiert, die Liebe in Bereiche verbannt, die jenseits der geschaffenen Welt liegen. Die Flucht in das Göttliche gab den Grund ihres Enthusiasmus an, ein Überschreiten der Grenzen des Menschlichen. Umgekehrt kann man bei den christozentrischen Mystikerinnen und Mystikern die Neigung beobachten, sich an Gott in der Sprache der menschlichen Affekte zu wenden: eine Verherrlichung der Liebe Gottes in der Sprache sexueller Attraktivität. Die mittelalterliche Mystik kennt beide Strömungen gleichzeitig, sich oft durchdringend und gegenseitig beeinflussend: *Vereinigungsmystik* der *unio mystica*, die nach der vollständigen Einswerdung der

Seele mit Gott strebt, und *Hochzeitsmystik*, welche die Seele mit Gott verheiratet, aber durchaus den unaufhebbaren Wesensunterschied zwischen dem Menschen und seinem Schöpfer anerkennt. Wenn die Seele ihrem Wesen nach mit Gott vereint werden kann, ist die Liebe der Seele eine glückliche Liebe, aber sie ist häretisch. Wenn die Seele sich nicht mit Gott vereinen kann, ist ihre Liebe unglücklich, aber orthodox.

JAN VAN RUYSBROEK gebraucht in seiner Mystik die Sprache der Hochzeit und damit der Unterscheidung der Seele und Gott. Sie ist deshalb der troubardischen Metaphorik besonders nahe. Alle Metaphern der leidenschaftlich glühenden, aber letztlich ungestillten Liebe kommen in seiner flammenden Prosa zum Ausdruck: das Aufgehen in der Liebe, Schwächeanfälle, Umarmungen, Ungeduld, ein Brennen der Liebe, die Tag und Nacht verschlingt, ekstatische Orgien und Wonnen, Trunkenheit und Liebeswunden: »Er hat aus mir meinen Geist und mein Herz gesogen«, läßt VAN RUYSBROEK eine seiner Beginen sagen, indem sie von Christus spricht. »Ich habe mich in seinem Mund verloren«, sagt eine andere, und eine dritte: »Die Blicke der Liebe trinken und trunken sich darin verstrikken.«

In Italien, um noch einen Blick nach Süden zu werfen, verbreitete sich die fahrende Ritterschaft der Franziskaner, wie sich die Troubadoure in Südfrankreich ausgebreitet hatten. Die Gedichte JACOPONE VON TODIS, des »Spielmanns Gottes«, die Briefe der KATHARINA VON SIENA, das Buch der ANGELA VON FOLIGNO, auch manche Erzählungen der »Fioretti« des FRANZISKUS bezeugen, daß die Gesänge der Troubadoure und die höfischen Romane unmittelbare Quellen franziskanischer Lyrik sind, welche die mystische Sprache der folgenden Jahrhunderte tiefgehend beeinflußt hat. Franziskanisch inspirierte Gedichte dieser Zeit sprechen eine höfische und erotische Sprache: »Mein Herz schmilzt wie Eis am Feuer, wenn ich meinen Herrn fest umarme und rufe: Die Liebe der Liebe verzehrt mich, ich vereinige mich mit der Liebe, trunken von Liebe. In den Flammen brenne ich und rufe: Lebend sterbe ich und sterbend lebe ich. Und doch liebe ich nicht, sondern habe nur den Durst zu lieben und den Hunger, mich mit der Liebe zu vereinigen.«

Die Leidenschaft, die Liebe der Liebe, ist eine Kraft, die über Instinkt und Trieb weit hinausgeht. Die großen Mystikerinnen und Mystiker haben immer versucht, den Zustand der Trance und der Ekstase zu überwinden, durch ihn hindurchzugehen bis zur »inneren Burg«, um zu einer reinen und kühnen Klarheit zu gelangen. TERESA VON AVILA hielt nur Visionen für gut, die den Menschen dazu bringen, besser zu handeln, mehr zu lieben. MEISTER ECKHART hatte es bereits auf den Punkt gebracht, daß der Mystiker dahin gelangen müsse, »die Gabe entbehren zu können«, sie nicht mehr für sich selbst zu begehren. Die Mystik hat die leidenschaftliche Liebe bis in ihre sublimsten Formen hinein zu transzendieren gesucht. In der geistlichen Hochzeit, sagt JOHANNES VOM KREUZ, kommt die Seele sogar so weit, Gott zu lieben, ohne ihre Liebe mehr zu spüren: eine unmittelbar tätige Erkenntnis, die das Absolute begreift, ohne je mit ihm eins werden zu können.

Die Brautmystik
der Mechthild von Magdeburg

Die sinnliche Begine MECHTHILD VON MAGDEBURG (um 1210 bis 1283) kann unstreitig als die bedeutendste deutsche Mystikerin des Mittelalters angesehen werden. Ihr Buch »Das fließende Licht der Gottheit« ist das erste Buch der Mystik in deutscher Sprache, und es wurde auf deutsch geschrieben, weil MECHTHILD des Lateinischen nicht mächtig war. Über diese simple Tatsache hinaus beginnt die Mystik vor allem deswegen in der Volkssprache zu reden, um die lateinischen Begriffsmuster aufzusprengen. Das Buch MECHTHILDS ist locker durchkomponiert, assoziativ angelegt, enthält in farbiger Vielgestaltigkeit visionäre Offenbarungen und Prophezeiungen, ansatzweise (in kühl-distanzierten Sprachgesten) auch spekulativ-didaktische Partien, Reflexionen über den von MECHTHILD hochgeschätzten DOMINIKUS und seinen Predigerorden, vor allem aber wie einen roten Faden den zum Teil rhythmisch gestalteten, reim- und assonanzgeschmückten Hochgesang auf die *unio mystica*. MECHTHILD verfügt über eine fast genial zu nennende Bildkraft, bedient sich kühn der erotischen Sprache des Hohenliedes und des höfisch-weltlichen Minnesangs, die in hemmungsloser Sinnlichkeit die unheilbare Liebessehnsucht zu Christus zum Ausdruck bringt. Sie bewegt sich dabei in mystischen Bahnen, die nicht nur in gestuften Erkenntnissen, sondern in fast triebhaften Visionen zur Gottesnähe vorzudringen suchen: Die »minnende Seele« macht sich, von der Trinität promiskuitiv angezogen, auf den Weg, einen »schönen Jüngling« zu finden. Angetan mit den Kleidern der Demut, Reinheit und Vollkommenheit, tanzt sie, von ihm geleitet, in die Minne hinein.

In dieser schwärmerisch anmutenden, glühend affektiven bräutlichen Mystik, im leidenschaftlichen Erlebnis der *unio mystica* hat MECHTHILD ihr Bestes gegeben. Christus ist der ihr zugedachte Bräutigam, dem sie sich anverlobt. Im Unterschied zur neuplatonischen Formel des mystischen Weges – von der *via purgativa* über die *via illuminativa* zur *via unitiva* – erfüllt sich für MECHTHILD die Minne zu Christus in dieser Erdenzeit im Leiden, in der unstillbaren Sehnsucht, ja im Abstieg mit Christus zur Hölle.

MECHTHILD besitzt vielleicht eine spekulative Anlage, die sie zu einer hervorragenden Schülerin MEISTER ECKHARTS begabt hätte, und sie ist geistig ernst und bedeutend genug, im Visionären ohne exzentrische Wundersucht zu sein. Aber ihr Herz schlägt für die Erotik Gottes, für die bis in jede Faser ihres Leibes hinein brennende Liebe zu Christus.

Das Feuer, die Flamme ist eines der zentralen Symbole der Mystik. Im biblischen Liebeslied, das dem König Salomo zugeschrieben wird, heißt es: »Die Flammen der Liebe sind Flammen Jahwes« (Hoheslied 8,6) – das ist die ekstatische Sprache leidenschaftlichen Lebens, eine sinnliche, erotische, mystische Form des Ausdrucks, die Gott in Liebe und Lust nicht außen vor läßt. Die mittelalterliche Mystik hat das Hohelied immer in seiner sinnlichen Präsenz begriffen, auch dort, wo sie der allegorischen Auslegung dieser heiligen Hochzeit zwischen dem Gott und seiner Frau, die Himmel und Erde durchdringt und befruchtet, gefolgt ist. Sie hat diese Vorstellung des Einswerdens von Freund und Freundin als mystisches Verhältnis, als Intimität zwischen Gott und der Seele verstanden und gelebt. Noch immer klingt uns die mystische Bildersprache ungewohnt und unerhört in den Ohren, weil wir es völlig verlernt haben, die Nähe der religiösen Sprache zur erotischen Sprache wahrzunehmen.

MECHTHILD VON MAGDEBURG hat der Liebe zwischen Gott und der Seele in ihrem Buch »Das fließende Licht der Gottheit« einen weiblich-mystisch-erotischen Ausdruck gegeben:

»Wenn die arme Seele zum Hof kommt, ist sie weise und wohlerzogen; da sieht sie ihren Gott fröhlich an. O wie freudenreich wird sie da empfangen. Da wird sie still und begehrt unermeßlich sein Lob. Da zeigt er ihr mit großer Begierde sein göttliches Herz. Das ist gleich dem roten Gold, das in einem großen Kohlefeuer brennt. Da nimmt er sie auf in sein glühendes Herz, daß sich der hohe Fürst und das kleine Mädchen umarmen und vereint sind wie Wasser und Wein. Da fühlt sie sich leer und kommt außer sich, soweit sie nur vermag. Da ist er krank vor Liebe zu ihr, wie er von je war, denn ihm geht weder etwas zu noch ab. Da spricht sie: Herr, du mein Trost, mein Begehren, mein fließender Quell, meine Sonne – und ich dein Spiegel.

UND DIE SEELE PREIST GOTT:

O du genießender Gott in deiner Gabe! O du fließender Gott in deiner Liebe! O du brennender Gott in deiner Begierde! O du schmelzender Gott in der Vereinigung mit deiner Geliebten! O du ruhender Gott an meinen Brüsten, ohne den ich nicht sein kann.

UND GOTT SAGT DER SEELE:

Du bist mein Lagerkissen, mein liebliches Bett, meine heimlichste Ruhe, meine höchste Ehre. Du bist eine Lust meinem Gottsein, ein Trost meinem Menschsein, ein Bach meinem Durst.

DIE SEELE ANTWORTET:

O Herr, liebe (minne) mich gewaltig und liebe mich oft und lang; je öfter du mich liebst, um so reiner werde ich; je gewaltiger du mich liebst, um so schöner werde ich; je länger du mich liebst, um so heiliger werde ich hier auf Erden.

GOTT ANTWORTET:

Daß ich dich oft liebe, das kommt aus meiner Natur, denn ich selber bin die Liebe. Daß ich heftig liebe, das kommt aus meinem Begehren, denn auch ich begehre, daß man mich heftig liebt. Daß ich dich lange liebe, das kommt von meiner Ewigkeit, denn ich bin ohne Ende.

So geht denn die Allerliebste zu dem Allerschönsten in die heimliche Kammer der unschuldigen Gottheit; da findet sie das Bett der Liebe und der Liebe Gelaß und Gott und Mensch bereit. Da spricht nun unser Herr: ›Bleib stehn, Frau Seele!‹ – ›Was gebietest du, Herr?‹ – ›Ihr sollt euch ausziehen.‹ – ›Herr, wie soll das sein können?‹ – ›Frau Seele, Ihr seid so in meiner Natur, daß zwischen Euch und mir nichts sein darf. Es war nie ein Engel so rein, dem das für eine Stunde verliehen gewesen wäre, was Euch für immer gegeben ist. Darum sollt Ihr Furcht und Scham ablegen und alle äußeren Tugenden. Die Tugend allein, die Ihr in Eurem Innern von Natur tragt, die sollt Ihr in Ewigkeit finden wollen. Es sind Euer edles Verlangen und Eure grundlose Begierde. Die will ich immer füllen, mit meinem endlosen Reichtum.‹ – ›Herr, nun bin ich eine nackte Seele, und du in mir ein herrlicher Gott. Unser beider Gemeinschaft ist ewige Lust (Wonne) ohne Tod.‹«

Wie kommt MECHTHILD zu einer solchen Sprache, zu diesen Bildern von einer ungeahnten Intensität? Woher nimmt sie die Kraft und den Mut, die mystisch ersehnte Vereinigung mit Gott so leibhaft-konkret, so sinnlich präsent zu beschreiben? Vielleicht haben Sie gemerkt, daß die Bilder und Szenen dieses Textes fast allesamt der Bibel entnommen sind. MECHTHILD hat gar nichts anderes getan, als die Bibel unmittelbar und ursprünglich zu lesen, naiv und raffiniert zugleich. Die Attribute Gottes, seine Eigenschaften – Natur, Ewigkeit, Liebe, Reichtum – werden nicht spiritualisiert, sondern in einem sinnlichen Liebes-spiel veranschaulicht. In Wortwahl, Anschauung, poeti-scher Form verläßt sie die passive Rezeption des Textes, gestaltet sie ihn neu, bringt sie ihn aus der Erfahrung des eigenen Liebesverlangens zur Korrelation und damit zu neuem Leben. Mᴇᴄʜᴛʜɪʟᴅ übersetzt die biblischen Bil-der und Aussagen, so daß sie prägnant und verdichtet einen Platz im Leben *ihrer* Erfahrung erhalten. Man könnte das »empathisches Lesen« der Bibel nennen, poeti-sche Modifikation, ein Hineinfühlen und Ausdruckgeben, ein Nachsprechen aus der Präsenz eigener Erfahrung.

Mᴇᴄʜᴛʜɪʟᴅ schlägt mit diesem schönen Text einen neuen Grundakkord in der Wahrnehmung Gottes an. Sie verheiratet sich mit Gott, ersehnt sich als geschmückte Braut die Vereinigung mit ihm. Sie sucht seine erotische Nähe aus der Kraft ihrer religiösen Erfahrung. Damit ent-deckt sie eine verschüttete Tradition wieder, die ganz bi-blisch ist, sich aber in einem einzigartigen irdisch-leibhaf-ten Kunstwerk kristallisiert und sich trotz (oder gerade wegen) dieser tiefsinnig-mystischen Umdeutung heute als besonders lebendig erweisen könnte.

Mystik und Sexualität

Die Erfahrung göttlicher Liebe und menschlicher Se-xualität in der Sprache der mittelalterlichen Mystike-rinnen und Mystiker wird niemals als solche kirchlich ver-dächtigt, beargwöhnt oder verfolgt. Nicht die erotische Sprache und ihre Integration in die Erfahrung des Heiligen ist Stein des Anstoßes für die Kirche gewesen, sondern die »Ketzerei«, die das Gottesverständnis anzugreifen scheint und die unendliche Differenz zwischen Gott und Mensch leugnet, zumindest aber relativiert. Sexualität wird niemals nur als rein biologische Realität des Geschlechtsakts verstanden, sondern als ein Ereignis, dem Heiliges innewohnt. Das mystische Leben sollte nicht von vornherein sexuell interpretiert werden, auch wenn die mystische Hingabe mit Komponenten und Regungen physischer Wollust zu tun hat. Wer will hier diffizile Unterscheidungen treffen, letzte Klärungen herbeiführen? Nicht jede mystische Erfahrung darf als transponierte Sexualität begriffen werden. Wir sind heute, was fatal ist, mit modernen Urteilen, es nur mit Triebverdrängung, Sublimierung, Ersatzbefriedigung, neurotischem Verhalten zu tun zu haben, allzu rasch bei der Hand. Psychologisch wissen wir aber, daß organische sexuelle Erregungen oft die Ursache eines mächtigen Gefühls sind, das sich alle möglichen Wege ins Freie sucht. Offenkundige Ähnlichkeiten, Analogien, sogar Äquivalente zwischen der erotischen und der mystischen Hingabe aber können wir feststellen, wenn wir uns einen Text von Teresa von Avila vor Augen führen: »Ich sah ihn mit einer langen Lanze aus Gold, und ihre Spitze war wie aus Feuer, mir schien es, als stieße er sie wiederholt in mein Herz und durchdringe es bis in meine Eingeweide. Als er die Lanze herauszog, war mir, als zöge er auch diese heraus und ließe mich ganz im Feuer der großen Gottes-Liebe. Der Schmerz war so groß, daß ich stöhnen mußte, und dennoch war die Süße dieses übermäßigen Schmerzes derart, daß ich nicht wünschen konnte, davon befreit zu sein... Der Schmerz ist nicht körperlich, sondern geistig, obwohl der Körper seinen Anteil hat, und sogar einen großen. Es ist eine so süße Liebkosung, die zwischen der Seele und Gott statthat, daß ich Gott in seiner Güte bitte, sie jeden empfinden zu lassen, der glauben könnte, daß ich lüge.«

Gerade diese Nähe der mystischen zur erotischen Erfahrung sollte uns davor bewahren, in solchen Visionen nur krankhafte Exaltationen und Überreizungen der Phantasie zu sehen. Es gehört vielmehr zur Phänomenologie der mittelalterlichen Mystik, daß sie davon ausgeht, daß sich die Sinnlichkeit in Übereinstimmung mit dem Plan Gottes befindet. In der Mystik führen zwei Anziehungskräfte zu Gott, die naturhafte Sexualität und die von Christus kommende Energie des liebenden Lebens. Die Mystikerinnen und Mystiker waren ebensowenig asexuelle Wesen wie erotisch Besessene. Sie haben die Gefühle des Erotischen und des Heiligen nur besser und klarer integrieren können, als es uns heute möglich ist.

In ihrem Leben und Glauben ist das, worauf die Verführung abzielt, gerade nicht das Sexuelle, sondern das Erotische. Was sie bis in die abgründigsten Versuchungen und diabolischsten Ängste hinein verfolgt und umtreibt, fällt zusammen mit dem, wovor sie sich insgeheim fürchten. Darin drückt sich die Sehnsucht nach der Teilhabe am göttlichen Leben aus, sie ist die Initiation ständiger Verwandlung. In dieser Erfahrung hält das Leben am Prinzip seines Wachstums fest und geht dennoch verloren. Der Verlust der Eigenheit, die Preisgabe des Selbst, schafft ein schwer durchschaubares psychisches Moment der Instabilität, das besonders »anfällig« ist für Erfahrungen der Todesnähe, des *fascinosum et tremendum* des Erotischen. Erst wenn die Mystikerin dahin gelangt, das Ich aufzugeben – und wie kann sie es anders als im Gefühl, einen *petit mort* zu sterben –, wird sie des ganz Anderen, des ergreifend Heiligen in letzter Evidenz ansichtig. Ein Ausnahmezustand, gewiß, also nichts von Dauer: ein Augenblick sonnenhafter, lichtdurchfluteter Nähe Gottes, die ein Mensch nur im Vibrieren und im Durchgehen der tiefsten Ängste erreicht. Dieses »Sterben« aber hat die Furcht vor dem Tod besiegt oder doch – zeitweise – zu bannen vermocht. Es hat alle Mittelmäßigkeit, den Stolz und die Hoffart gebrochen und eine neue Seinserfahrung ermöglicht: unermeßlich, frei, ein großes Abenteuer ist dieser Taumel, dieser Rausch. Die Hingabe der subjektiven, ja egoistischen Absichten ermöglicht dieses Erleben, ein Hinabtauchen in unendlich gegenwärtige Tiefe.

Natürlich gibt es im mittelalterlichen Kloster ein ausgesprochenes Sexualverbot, aber es hat die Nonne oder den Mönch, die es freiwillig und streng zugleich befolgen, nicht davon abgehalten, den Sinn der Erotik Gottes in der eigenen Erfahrung zu leben. Die erotischen Anziehungskräfte lassen sich nicht betäuben, überspielen oder wegmeditieren, sie suchen Ausdruck im mystischen Abenteuer. Weder sublimiert noch toll ausgelebt, sind sie gegenwärtig und offenbaren eine ungeahnte Fülle des Glanzes und der Schönheit. Die Mystiker haben es »Entzückung« genannt, und dieses Wort hat nichts mit der Banalität gemein, die wir heute mit ihm verbinden. Entzückung als Zittern und Zagen auch, als Begeisterung ebenso wie dunkles, bedrängendes Verlangen, ein Herausgerissenwerden aus jeder Leichtfertigkeit, eine Umarmung des Göttlichen, das wie ein Aufblühen innerster Sinne ist. Die Erotik Gottes ist für die Mystiker etwas wunderbar Lobenswertes, verbunden mit Gefühlen unbedingten Ergriffenwerdens und zugleich tiefster Scham und Dankbarkeit. Das Verlangen ist ein extremer Zustand, in dessen Mitte TERESA VON AVILA nur stammeln kann: »Ich sterbe daran, nicht zu sterben!« – mit der Nähe und Aura der äußerste Zustand, in den sich Leben bringen läßt und den es überhaupt erreichen kann. Es ist ein Tod, der lebend empfunden wird, solange man weiterlebt. TERESA verliert den Boden unter den Füßen, aber im hellsten und klarsten Bewußtsein, daß das Äußerste, was sie erlebt und auch durchleidet, zugleich die Schwelle eines Todes ist, der sie außer sich bringt und doch das Leben nicht erlöschen läßt.

Die Sinnlichkeit, die Zärtlichkeit, die Passion und die Liebe ist die Weißglut des Lebens und des Todes – wieder diese Ambivalenz, dieses Paradox, an dem die Mystiker leiden, ohne je so weit gehen zu wollen, es zu leugnen oder zu unterdrücken. Nur wenn sie bereit sind, alles aufzugeben und zu verlieren, können sie alles gewinnen, in einem unerschöpflichen Reichtum an liebendem Leben. Die unmittelbare Lebensmacht offenbart sich im Überströmen der Freude am Sein (MECHTHILD VON HACKEBORN). Das ist die leibhaftige Erfahrung der Liebe Gottes: in dieses dauernde Zeugen des Lebens hineingenommen zu sein. Aber es ist, darüber dürfen wir uns nicht täuschen, eine Erfahrung aus tiefster Einsamkeit, Askese und Enthaltsamkeit. Die erotische Mystik wird um einen Preis erkauft, der sehr hoch ist, sie ist nicht billig und leichtsinnig zu haben. Die *ordo* des mittelalterlichen Klosters schafft die Bedingungen für das mystische Erleben, sie erst hat *religio*, letzte Bindung, weitreichendste Erfahrung ermöglicht – und den Sinn mystischer Befreiung jenseits der Verwirrungen zufälliger Liebe eröffnet. Sie bildet den Raum zur äußersten Möglichkeit des Seins.

Mystisches Gotterleben

Der Gott der Mystiker ist – da sollten wir uns nicht täuschen in diesem gottestrunkenen und gottsüchtigen Mittelalter – zunächst der ferne, dunkle, verborgene, entzogene, der sich vorenthaltende Gott. Mystik wird geboren aus Gottesfinsternis und Sehnsucht, diese Finsternis zu vertreiben, nur daraus kann sie überhaupt sprechen. Gott ist nicht die Allmacht, sondern Objekt menschlicher Sehnsucht und brennenden Verlangens. Gott wird der Geliebte, und er wird so ernst und mit Feuer im Schoß gesucht, wie die Freundin den Freund fiebernd in den Weinbergen des Hohenliedes gesucht hat. MECHTHILDS Hymnen sind Gesänge an einen abwesenden Liebhaber, dessen Nähe sie noch in der fernsten Ferne als Gegenwart spürt. In der Mystik wird Gott zum Ereignis der Liebe, und die Liebe, die diesen Gott sucht, ist Spiel, Verlangen und Werbung. Mystik ist also ein grandioser Versuch, Gott aus dem entlegenen, unzugänglichen Himmel auf die Erde, in die Seele, in den Schoß zu ziehen, seine Unnahbarkeit zu bezwingen:

> *»Du bist mein Spiegelberg,*
> *Meine Augenweide,*
> *Ein Verlust meiner Selbst,*
> *Ein Sturm meines Herzens,*
> *Ein Fall und Untergang meiner Kraft,*
> *Meine höchste Sicherheit«*

(MECHTHILD VON MAGDEBURG).

Gott aber ist auch der Andere in diesem Drama der Kommunikation und Kommunion, insofern er als das brennende Begehren in Gestaltlosigkeit und Überraschung erfahren wird. Unermüdlich und unerschöpflich versucht Mechthild, diese Liebe mit dem erschreckenden und verheißungsvoll ersehnten Anderen auf der Bühne ihres Seelentheaters zu inszenieren. Nackt, entkleidet der Ichsucht und des falschen Stolzes, tritt die Seele vor diesen Gott hin, gibt sich ihm zögernd und willig zugleich, bis zur *unio mystica*, in der die Frau zur Braut wird: »Und so fürchtet und genießt, erkämpft und verdammt die Mystikerin jenen unvermeidbaren Wechsel von Rausch und Ernüchterung, von Lust und Pein, Erfüllung und Versagung« (MARGRET BÄURLE / LUZIA BRAUN). Sie erschafft sich diesen Gott nicht, aber sie entwirft sich eine Anschauung, die gerade in der Gestaltlosigkeit Farbe und Fülle gewinnt. Das Gotterleben ist sinnliches Erkennen, daß Gott kein Bild hat, alle Bilder übersteigt, alle Vorstellungen sprengt und gerade darin be- und ergriffen werden kann, daß man / frau sich selbst der Bilderlosigkeit ergibt. So wäre es falsch und unzutreffend zu behaupten, die Mystikerinnen hätten mit ihrem Gott geschlafen. Ihr Erkennen ist erotisch, aber nicht nur durchströmt von sexueller Energie. Es ist ja nicht »ihr« Gott, ihr Besitz oder auch nur ihnen geltende Verheißung. Sie finden kaum Worte, sie stammeln und schreien, sie haben keine Begriffe für ihr Erleben, sie fliehen zu paradoxen Redewendungen und Sprachbildern, um diese Bilderlosigkeit überhaupt benennen zu können. Wenn MECHTHILD VON MAGDEBURG sagt: »Ich bin heiser in der Kehle meiner Keuschheit«, dann spricht sie sich in einer Metapher aus, die ihre Erfahrung ebenso mitteilt wie verschweigt. Leise, gebrochen, heiser spricht sie, heiser kann sie nur vom Sprechen, vom Gebrauch ihrer Stimme sein. Mit dieser Metapher teilt sie die unermeßlichen Folgen ihres Schreiens mit, ihrer Sehnsucht und – ihrer Liebe.

Dieses Gotterkennen, Gottlieben im durchaus biblischen Sinn hat in seinen ekstatischen Formen ein Element der Maßlosigkeit und des Wunsches, daß durch die Liebe das eigene Leben »zerbricht«. Sie sprengen die Verengungen des individuellen Bewußtseins auf. Ebenso stark wie die Sehnsucht nach der Nähe Gottes ist auch die nach der »Gotsvremede«, der Entziehung, nach der Fremdheit Gottes. Das mystische Verlangen trägt, wie bereits angedeutet, ambivalente und paradoxe Züge. In der Ekstase herrscht ein Moment unendlicher Selbst- und Weltvergessenheit, das der Mystik einige Schwierigkeiten bereitet, weil es aus der Kraft dieser Liebe auch wieder überwunden werden muß. Es verwandelt den mystisch ergriffenen Menschen total in Ausdruck, in Ausdruck der Fülle. Aber gerade diese Fülle führt zum Nichtmehrsagbaren. Man kann dann eigentlich nur noch darüber schweigen.

Mechthild von Magdeburg hat das mystische Gotterleben in einer plastischen, erotisch-sexuellen Sinnlichkeit extravertiert, die auch jede bloße Metaphorik übersteigt. Wir können ihre Bilder so wörtlich wie nur möglich nehmen, nicht nur die der Liebe, sondern auch die des Leidens. Sie liebt Gott in seiner Nähe und Ferne, aber sie leidet auch an ihm. In all ihren ekstatischen Vorstellungen von dem, was ihre Liebe noch mehr steigern, in ihrer Glut erhöhen, in ihrem Schmerz vertiefen könnte, erfährt sie im Leiden auch die dunkle Seite der Mystik, die Nacht der Seele, eine unglaublich einsame Entfremdung. Das eine wird nicht um des anderen willen preisgegeben. Die Mystikerinnen und Mystiker haben geliebt *und* gelitten, sich mit Seele und Geist, Leib und Verstand ergreifen lassen: »Die Liebe geht durch die Sinne und erstürmt mit allen Kräften die Seele. Wächst die Liebe in der Seele, so schwingt sie sich mit großem Begehren zu Gott hinauf und weitet sich, indem sie sich verströmt, für das Wunder, das über sie hereinbricht« (Mechthild von Magdeburg).

SIEBTER TEIL

Menschen werden wir nur als Liebende

Auf dem Weg zu einer erotischen Religion

Die einzige wahre Revolution,
die uns das kommende Jahrhundert bescheren kann,
wird die sein:
daß der Mensch die Gottebenbildlichkeit seines Seins
und seines Wesen wiederentdeckt.

GABRIEL MATZNEFF

Vor einiger Zeit fiel mir ein Fragment aus dem Tutzinger Gedichtkreis von MARIE LUISE KASCHNITZ in die Hände, das ich wie eine lyrische Ouvertüre meinen Überlegungen, daß wir Menschen nur als Liebende werden können, voranstellen möchte:

> *»Und dennoch wirst Du fordern, daß wir Dich*
> *Beweisen unaufhörlich, so wie wir sind*
> *In diesem armen Gewande,*
> *mit diesen glanzlosen Augen,*
> *Mit diesen Händen, die nicht mehr zu bilden verstehen,*
> *Mit diesen Herzen ohne Trost und Traum. (…)*
>
> *Verlangen wirst Du, daß wir, die Lieblosen dieser*
> *Erde, Deine Liebe sind.*
> *Die Häßlichen Deine Schönheit,*
> *Die Rastlosen Deine Ruhe,*
> *Die Wortlosen Deine Rede,*
> *Die Schweren Dein Flug.«*

Hier ist, lyrisch verdichtet, die Identifikation von Gottes- und Menschenliebe noch einmal behauptet, gefordert, zugemutet. Wir sollen Gottes Liebe *sein,* seine Rede, seine Ruhe, seine Schönheit und sein Flug in einer flügellahmen und erdenschweren Zeit. Ähnlich und noch kühner steht es in zwei Versen von Angelus Silesius: »Nichts als ich und du; und wenn wir zwei nicht sein, / So ist Gott nicht mehr Gott und fällt der Himmel ein.«

»Verlangen wirst Du, daß wir, die Lieblosen dieser Erde, Deine Liebe sind« – eine Zumutung, die einer erschreckenden und faszinierenden Gewißheit hier und jetzt und für die Zukunft Ausdruck gibt. Daß diese Lebens- und Glaubensgewißheit schon aus biblischer Erfahrung herausspricht, hat uns der Blick in den ersten Johannesbrief gezeigt. *Gottes Liebe sein* ist ein existentielles Verständnis von Glauben; es widerspricht allen Vorstellungen, seine Liebe käme von außen bloß auf uns zu, so daß wir uns in ihrem Besitz fühlen könnten, sei gar vielleicht nur außerhalb der Geschichte möglich. Wir sind von Gott geliebter als wir wissen, aber bewußt werden wir dieser Liebe – zu unserem Glück – in dem Maße, in dem wir selber lieben. Daß Gottes Liebe nicht von der Liebe der Menschen abgetrennt und isoliert gesehen werden kann, war das Fazit unseres Durchgangs durch biblische Texte. Im folgenden sollen theologische Konsequenzen der für unser Selbst- und Weltverständnis zentralen Aussage »Liebe deinen Nächsten wie dich selbst« aufgezeigt werden.

Individuell-psychisch gewinnt diese Aussage ihre Brisanz im Zusammenhang von Selbstliebe, Selbstannahme des eigenen, uns zugefallenen Stück Lebens, in der Akzeptanz von Begrenztheit, Versagen, Schatten und Schuld, in der Integration abgespaltener negativer Anteile unserer Person, die wir gern verdrängen und nicht wahrhaben wollen. Es gibt keine Selbstliebe ohne das Standhalten gegenüber unseren eigenen defekten, destruktiven, lebensfeindlichen Kräften, die uns das Gute vielleicht wollen, aber das Böse schließlich tun lassen. Wir sind von Gott geliebt nicht wegen, aber trotz der Schuld- und Schattenseite unserer Existenz, um unserer ganzen, erlösungs- und befreiungsbedürftigen Person willen.

Politisch-sozial gewinnt die Identifikation von Gottes- und Menschenliebe ihre Brisanz im unauflösbaren Zusammenhang von Welt- und Nächstenliebe, so wie Jesus sich selbst mit den Ärmsten und Geringsten identifiziert: Wie ihr mit meinen Brüdern und Schwestern umgeht, so geht ihr mit mir um, und was ihr ihnen antut, das tut ihr mir an. Das große eschatologische Kapitel in Matthäus 25 spricht diese Identifikation unmißverständlich aus. Nächstenliebe ist nach neutestamentlicher Vorstellung immer beides zugleich – Liebe Gottes in Christus (1 Johannes 4,7 ff.) und Liebe, die den Glauben in die Tat umsetzt (Galater 5,6; 1 Korinther 16,14; Epheser 4,15).

Liebe als Menschwerdung – dieses Konzept geht aus von der erfahrbaren Realität, daß der Mensch immer auf dem Weg ist, ein liebender Mensch zu werden. Seine Erfahrung stellt ihn vor sich hin als Mensch in seiner Größe und Grenze, als Ebenbild und Widerpart Gottes, »in diesem armen Gewande, mit diesen glanzlosen Augen, mit diesen Händen, die nicht mehr zu bilden verstehen, mit diesen Herzen ohne Trost und Traum«. Die Brisanz liegt darin, daß wir unserer eigenen Verblendung vor Gott, vor der Welt, vor den Menschen bewußt werden können, daß wir sie aufzuhellen vermögen. Wir sind der Befreiung bedürftig, um Menschen zu werden, nicht nur in unseren sozialen, politischen und wirtschaftlichen Strukturen und Verhältnissen, sondern als Frau, als Mann, als Geschöpf in einer Schöpfung, die wir mit dem Hauch des Todes überziehen, deren Leben wir vergewaltigen und erdrücken.

In dieser Todesverfallenheit, in dieser destruktiven Einstellung, die unser eigenes Leben und das Leben aller kostet, sind wir unendlich anerkannt, unbedingt geliebt, das heißt erwünscht ohne Bedingung. Wir müssen uns diese Ungeheuerlichkeit vor Augen führen, wenn wir nur eine Ahnung von der Liebe Gottes gewinnen wollen. Es klingt unglaublich, aber das ganz und gar Unglaubliche ist zugleich das Selbstverständliche. Gottes Liebe ist nicht ausrechenbar, nicht machbar und nicht herstellbar, so wie ein kleines Kind die Liebe seiner Eltern nicht erzwingen kann. Aber das Kind macht vielleicht die Erfahrung, daß diese Liebe *da* ist, es unausgesprochen, gestisch, leiblich umfängt. Es kann sich, »im silbernen Panzerhemd des Vertrauens« (MARTIN BUBER) auf sie verlassen, kann ihrer gewiß sein. Unbefragt, wunschlos und zuvorkommend jeder eigenen Regung ist diese Liebe der Eltern da. In einem solchen Sinn ist auch das alte religiöse, verblaßte und belächelte, nurmehr wehmütige Wort zu verstehen, daß wir »Gotteskinder« sind. Ohne dieses Urvertrauen verliert das Kind ein Stück gelingenden Lebens, bevor es überhaupt richtig zu leben begonnen hat. Ohne Gottes vertrauende Zuwendung verlören auch wir das Leben; das Nichtgelingen von Glück und Zukunft wäre vorprogrammiert.

Der Indikativ Liebe

Wenn Liebe letztlich solch vorgängiges Beziehungsgeschehen ist, dann ist Gott selbst nichts als »Beziehungsreichtum« (GOTTHARD FUCHS) – und zu dieser Bestimmung Gottes, besser: zu dieser Wahrnehmung seines Wortes und seines Handelns, soll im folgenden etwas gesagt werden.

»Anerkennung, Liebe ist ja unter den gegebenen gesellschaftlichen Verhältnissen bedingungslos fast nirgends mehr zu bekommen, sondern wird abhängig gemacht von Vorleistungen, die wir erbringen, von Wohlverhalten, von Erfolgen, von Leistungen, von Position. Liebe, unbedingtes Erwünschtsein, gibt es, so hat mal jemand etwas spitz gesagt, in unserer Welt nur noch im Schlafzimmer und zu Weihnachten – für Augenblicke und in privatester Abgeschlossenheit. (...) Die Sehnsucht, unbedingt erwünscht zu sein, kontrastiert fürchterlich mit den persönlichen und gesellschaftlichen Verhältnissen.«

In diesen Aussagen von GOTTHARD FUCHS sehe ich exemplarisch den Anfang einer heutigen Theologie der Liebe entfaltet. Sie sollen der Ausgangspunkt für unsere Frage nach einer Theologie sein, die ausgeht vom »kategorischen Indikativ« des Geliebt- und Erwünschtseins und *nicht* vom Imperativ des Liebenmüssens und -sollens. Dieser Indikativ sagt mir: »Du, so wie Du bist, bist Du absolut erwünscht. Nicht ohne Deine Schattenseiten, sondern mit ihnen. Nicht ohne Deine Schuldgeschichte, sondern mit ihr. Nicht ohne die fürchterlichen Kränkungen, daß Du nur ein sterblicher Mensch bist, sondern mit ihnen. Ich darf mich als der, der ich bin, absolut geliebt wissen (genauer: geliebt glauben). Deshalb ist *ein* Christ kein Christ« (GOTTHARD FUCHS).

Von diesem Indikativ aus erhält jede Rede von Gott als Rede von *seiner* Liebe in *unserer* Liebe erst einen Sinn. Ohne ihn geriete sie in die Gefahr, Liebe imperativisch mißzuverstehen, als die große, unermeßliche Forderung des Liebenmüssens, die das Scheitern im Leben jedes Menschen von vornherein in sich trägt. Ohne diesen Indikativ wäre Liebe nichts anderes als eine grandiose, unerbittliche Überforderung, an der wir unweigerlich zerbrechen müßten. Und oft genug in der Geschichte der Glaubens- und Moralverkündigung ist Liebe auf solch überfordernde, ethisch rigorose, ja zynische Weise eingeklagt worden. Generationen von Gläubigen haben unter dieser Form des »Liebesgebots« gelitten.

Glaube ist gar nicht möglich, ohne daß er aus der Erfahrung bedingungsloser Annahme des eigenen Lebens kommt, ohne die Erfahrung ungeteilter Aufmerksamkeit, mit der Gott uns berührt. Liebe wiederum ist nicht möglich ohne das Wissen, daß sie aus einem Beziehungsreichtum kommt, den religiöse Menschen »Gott« nennen, den sie als die überreiche und verschwenderische Liebe bezeichnen. Gott hat mit den Menschen eine Liebesgeschichte begonnen und will sie auch mit ihnen vollenden. Das alles sind theologische Aussagen, die nur vor dem Hintergrund dessen verständlich sind, daß Gott selbst als Liebe gesehen und erfahren werden kann.

Liebe ist leidenschaftliches, erotisch fasziniertes Leben. Aus dieser Erfahrung heraus darf sie nicht quietistisch oder privatistisch mißverstanden werden, als letztendliche Beruhigung unseres Sehnens und Wünschens, in dem Sinne, daß wir nichts mehr zu tun bräuchten, wenn wir uns schon als geliebt glauben dürfen. Das ist ja gerade Gottes Liebe in unserer Liebe, daß mit der unendlichen Liebesgeschichte, in die Gott den Menschen hineingezogen hat, auch die Ermutigung zu Beziehungen beginnt, die Gottes Liebe abbildet, ja greifbar konkret macht, verheißungsvoll für mich wie für andere. In diesem Anfang liegt ein tröstendes und anstiftendes »Du kannst«: Du kannst lieben, eben weil du dich selbst als geliebt anerkannt glauben darfst (»Geliebte« – so redet der erste Johannesbrief seine Leser an). Du kannst es trotz all der Behinderungen und neurotischen Verzerrungen, trotz der Wahnvorstellungen und der Verkrümmungen deiner Seele. Du kannst lieben, als begabter *und* unzulänglicher, erfüllter *und* begrenzter Mensch.

Die Ambivalenz der Liebe

Freilich kann man die Liebe, die Gott selber ist, auch zurückweisen, mißachten oder verfehlen, so daß mit der Liebe schließlich auch der Glaube verdunstet. Die religiöse Sprache kennt dafür den Begriff »Sünde«: »Wenn denn christlicher Glaube wesentlich darin besteht, sich so definitiv und vorgängig zu seinem eigenen Werk geliebt glauben zu dürfen, dann ist Sünde nicht primär eine moralistische Übertretung von irgendwelchen Geboten, sondern die Tragödie der Beziehungslosigkeit; Sünde ist die Tragödie von der Spaltung des Menschen von seinen Mitmenschen, von seinem wahren Selbst und somit von Gott; Sünde ist die Tragödie unglücklicher Gottes-, Selbst- und Nächstenliebe. Wohl jeder von uns hat einen Begriff davon, was unglückliche Liebe ist: Die Sehnsucht nach Liebe ist maßlos groß, aber die Angst davor noch größer; in aller Liebe ist ja auch Angst, weil ich mich liebend verliere auf den anderen hin. Sünde ist völlig karikaturhaft verkürzt und mißverstanden, wenn man sie versteht als das Übertreten von einzelnen Geboten oder bloß als Ausdruck menschlicher Hybris. Sünde ist in der Logik christlicher Glaubenserfahrung die Tragödie, daß ich just das, was ich leidenschaftlich ersehne, nämlich geliebt zu sein, dann, wenn es wahr werden könnte, doch nicht glaube. Es ist die Tragödie des Unglaubens« (GOTTHARD FUCHS).

Die Tragödie der Beziehungslosigkeit: Wenn zwei Menschen sich in ihrer Liebe nur noch auf sich selbst beziehen, verlieren sie nicht nur allmählich die Wahrnehmung der Welt und der Menschen um sie her, sie sterben den langsamen sozialen Tod; die »Zweierkiste« wird zur hölzernen Gruft. Sünde ist, diesen Tod der Beziehungslosigkeit zuzulassen oder einzukalkulieren, die Liebe gar nicht erst wirklich werden zu lassen, ihrem Gelingen keine Chance zu geben, aus Gleichgültigkeit, Angst, Resignation.

Liebe kann sich nie selbst genügen, kann sich nicht isolieren in der privaten Zweisamkeit (wir werden darauf noch zurückkommen). Sie strahlt, wenn sie gelingen will, in die Welt aus, sie verwandelt ihre soziale Umgebung, sie enthält ein revolutionäres Moment, weil sie jeden Menschen, der mit ihr in irgendeiner Form in Berührung kommt, herausreißt aus seiner Selbstgenügsamkeit, ihn umkrempelt, ihn an eine Verheißung erinnert, der die biblische Tradition den Namen »Leben in Fülle« gegeben hat. Diese gelingende Liebe will die Umwandlung einer kalten, friedlosen, berechnenden, verwalteten, beherrschten Welt zu einer »endlich bewohnbaren Erde« (DOROTHEE SÖLLE). Sie ist Ausdruck der Unverfügbarkeit und der Würde allen menschlichen Lebens. Sie nimmt das »Zwischen« im Begriff »Zwischenmenschlichkeit« ernst und wörtlich: Was sich nämlich wirklich in den vielen Erscheinungsformen der Liebe ereignet, liegt »zwischen« uns, ist weder Ich noch Du. Es ist ein Wir, ein Geheimnis, das wir nicht fassen und letztlich nicht herstellen, mit dem wir nicht operieren können, das sich unserer Verfügung immer wieder entzieht. Dieses Geheimnis, das *Wir* gelingender Liebe, ist die dritte Kraft, ist das, was Gott in und zwischen uns wirkt.

Lieben heißt, nach einem schönen Wort von ANTOINE DE SAINT-EXUPÉRY, nicht einander ansehen, sondern gemeinsam auf etwas Drittes blicken. Die theologische Sprache nennt das »Reich Gottes«, die neue, befreite Welt, die uns ein maßlos liebender Gott eröffnen will. Dieses Reich ist nicht von dieser Welt, es verdankt sich nicht unseren Anstrengungen und Leistungen, aber es wirkt *in* unserer Welt so, daß wir sie als veränderbar, als revolutionär gestaltbar erfahren. Die Bibel hat das Ziel dieses revolutionären Prozesses, des leidenschaftlichen Lebens, mit den Bildern von einem neuen Himmel und einer neuen Erde zu beschreiben versucht. Damit behauptet sie, die Ambivalenz zwischen Verfehlen und Gelingen könne aufgehoben werden. Die Ambivalenz, die Doppelgesichtigkeit des Lebens, das ist die Erfahrung: Alles, was noch so schön ist, ist vom Tode bedroht, erlebt einmal eine unerbittliche Grenze. Wer die Ambivalenz der Erfahrungen verniedlicht, sie harmonisiert oder vorschnell zu versöhnen sucht, wird der Wirklichkeit nicht gerecht, sucht Zuflucht in der Illusion oder Ideologie, die ihm Beruhigung, Eindeutigkeit, Sicherheit verspricht. Die Liebe aber ist immer gefährdet, in den Terror des Beherrschens, in die Tragödie der wachsenden Beziehungslosigkeit, in die Quälerei des Alltags umzuschlagen. NORBERT GREINACHER hat im Rückgriff auf ein biblisches Bild eine befreiende Hoffnung zu formulieren versucht:

»Der Christ darf hoffen, daß die bodenlose Ambivalenz nicht das letzte Wort, nicht die letzte Erfahrung, nicht das absolute Prinzip menschlicher Existenz ist und bleiben wird. Er darf hoffen, daß die Ambivalenz einmal durch Eindeutigkeit abgelöst wird, einer Eindeutigkeit, welche die Geheime Offenbarung so beschreibt: ›Hier wohnt Gott bei den Menschen. Er wird bei ihnen bleiben, und sie werden sein Volk sein. Er selbst, Gott, wird ihnen nahe sein. Er wird alle Tränen aus ihren Augen wischen, es wird keinen Tod mehr geben, kein Leid, keine Klage, keinen Schmerz, denn alles, was bisher war, ist vergangen. Und der auf dem Thron saß, sprach weiter: Sieh dich um! Alles mache ich neu!‹ (Apokalypse 21,3–5).«

Das ist Liebessprache; die Bilder und Gefühle, die Liebende einander sagen, sind auch in diesem Text gegenwärtig. Gibt es tiefer berührende Gesten und Versprechen als: bei jemandem wohnen und bleiben, ihm nahe sein, seine Tränen abwischen, das Leid, die Klage, den Schmerz aus seinem Gesicht wegnehmen, auf das Neue, die Zukunft zeigen? Hier ist eine Sehnsucht ausgesprochen, die zutiefst menschlich ist, aber sie ist auch göttlich, denn Gott hat nichts anderes mit uns vor, als uns die Liebe endgültig zu geben, uns Menschen zu beheimaten, weil wir uns auf der Erde nie ganz zu Hause fühlen.

Beides steht also in einer Spannung: die Ambivalenz der

Erfahrung und die Hoffnung, daß diese Ambivalenz von Gott her aufhebbar ist. Wir müssen diese Ambivalenz aushalten und können doch ihr Ende zeichenhaft vorwegnehmen und vorwegfeiern. Reich Gottes ist es, was sich in diesen Zeichen zu erkennen gibt, wenn wir die krampfhaft verschlossenen Hände auftun und unsere von Resignation zugewachsenen Augen öffnen; das uns zeigt, hier und jetzt schon, wozu wir eigentlich entworfen sind, welchen Sinn es hat, zu leben und zu lieben. Ein solches Verständnis von Liebe könnte uns dazu bringen, jenen Satz auch theologisch zu begreifen, mit dem ein Gedicht von CHRISTINE LAVANT beginnt: »Seit heute, aber für immer weiß ich: Die Erde ist wirklich warm –.«

Die Verwundbarkeit der Liebe

In der Bibel geht es, wie insbesondere der erste Johannesbrief gezeigt hat, gerade nicht um Selbstverwirklichung auf Kosten der Verwirklichung sozialer Liebe und erotischer Kommunität, sondern darum, es an sich geschehen zu lassen, daß Gott liebend-heilend an uns handelt, daß er uns annimmt in unserer Begrenztheit und Mutlosigkeit. Wir können, wenn wir das begriffen haben, uns nicht mehr darauf beschränken, nun isoliert und selbstbezogen unsere Persönlichkeit zu entfalten, aus eigener Anstrengung das zu realisieren versuchen, was scheinbar in uns selbst liegt und nur darauf wartet, daß wir es in Therapie und Selbsterfahrung ans Tageslicht holen, zu Bewußtsein bringen. Die merkwürdige Verkrampfung und seltsame Anspannung, die in dieser »Arbeit« liegt (Beziehungsarbeit, Gruppenarbeit, Trauerarbeit usw.), um aus einem möglichen Subjekt ein wirkliches Selbst zu machen, findet in der biblischen Erfahrung keine Entsprechung. Alle menschlich-eigenmächtigen Anstrengungen, *mehr* sein zu wollen, *besser* werden zu wollen, *mobil* zu bleiben, verkennen gründlich den tiefen Mangel und die Kränkung, die darin besteht, ein endlicher, begrenzter, mit Fehlern und Schwächen behafteter Mensch zu sein, dem die Erlösung aus eigener Kraft nie gelingen kann. Diese Einsicht in die eigene Endlichkeit und fundamentale Begrenztheit aber hat etwas unendlich Tröstendes; sie führt biblisch gesehen gerade nicht, wie man vermuten könnte, in die Resignation des dumpfen Weiterlebens und Vor-sich-hin-Existierens, sondern in das *Vertrauen,* daß Menschen aus der erotischen Kommunikation mit anderen Menschen und mit Gott Erlösung aus der Anspannung, ein Mensch erst zu werden, das heißt vollkommen zu werden, erwarten dürfen. Vertrauen ist eine Haltung des Glaubens wie des Liebens, einer ständigen Progression, einem unaufhörlichen Wunsch nach Wachstum ohne Grenzen auch regressive Elemente entgegensetzen zu dürfen: die Sehnsucht nach Heimat, Trost, Verläßlichkeit, Verwundbarkeit. Vertrauen ist Erinnerung an Heimat, »die allen in die Kindheit schien und in der noch niemand war« (Ernst Bloch).

Dieses Vertrauen kann die ständige Angst um sich selbst aufheben, kann verhindern, immer wieder bloß auf sich selbst zurückgeworfen zu werden. Liebe wächst aus Heimat, sie kommt, psychologisch gesprochen, aus dem Urvertrauen, irgendwo geborgen, in der Gemeinschaft, nicht allein zu sein, Vater und Mutter zu haben, einen Ort, wo man sich selbst und die Welt kennengelernt hat: »Wir nennen es primäre Sozialisation, aber wir müssen durch den Begriff hindurch wissen, was es ausmacht, auf diesen Holzdielen herumgerutscht zu sein, hier die ersten Grashalme gekaut zu haben und die erste Prügelei erfahren, die ersten Regentropfen und zum erstenmal einen verbrannten Finger gespürt« (FRANK BENSELER), und man könnte ergänzen: den ersten Kuß, die ersten unsicheren Bekanntschaften mit erotischer Faszination, die erste Nacht mit einem Menschen des anderen Geschlechts. Aus diesem Vertrauensgrund wächst Liebe, auch der Schmerz über den Verlust, das Entbehren von Liebe, auch die Gewißheit, daß Liebe ebenso vergänglich und zerbrechlich ist wie jedes andere Gefühl in uns auch. »Vielleicht ist Heimat ja bloß ein Stück Haut«, meint die Sängerin BETTINA WEGNER, »ein Streicheln, ein Baum und ein Garten, in dem man Blumen klaut, und die eigene Kindheit als Traum.«

Vertrauen bringt also ein Element der Verläßlichkeit, der Verwundbarkeit und des Schwachseindürfens in die Welt: »Miteinander schlafen hat den doppelten Sinn von einander lieben und beieinander ruhen. Neben unsren progressiven Trieben und Wünschen haben wir auch regressive Bedürfnisse. Manchmal brauchen wir es einfach, uns zu verstecken, klein sein und unsere Schwäche zeigen zu dürfen – so wie wir auch die Schwachheit des anderen ertragen. Vertrauen bedeutet, nicht der Verzweiflung zu verfallen, wenn wir zeitweise impotent oder frigide sind. Wir brauchen Trost. Die Erfahrung, schwach sein zu dürfen, ohne daß jemand uns beherrscht oder mißbraucht, können wir nur in Beziehungen machen, die frei sind von Furcht oder Unterwerfung. Furchtlos kann ich nur sein, wenn ich auch schwach sein darf. ›Furcht ist nicht in der Liebe, sondern die völlige Liebe treibt die Furcht aus‹ (1 Johannes 4,18). Lieben zu lernen heißt, immer weniger Angst zu haben« (DOROTHEE SÖLLE).

Vertrauen zielt also auf Verläßlichkeit, auf Treue. Sie öffnet ein Fenster der Verwundbarkeit in einer Welt, die in der Maximierung von Stärke und Herrschaft ihr Selbstbewußtsein findet und dadurch immer wieder eine unglaublich große Furcht in die Menschen pflanzt, diesen gesellschaftlichen Ansprüchen in ihrem Wesen nicht genügen zu können. Diese Welt, die ihr angemessenes Symbol heute in der Härte, in der unerbittlichen Stärke und in größenwahnsinniger Vergeltung eines Rambo zu sehen bereit ist, ist weit davon entfernt, Verwundbarkeit und Schwäche zuzulassen. Aber sie wird mit einem revolutionär-zärtlichen und darum subversiven Christentum rechnen müssen.

Die Vision der Liebe

Als Christen haben wir traditionell entweder zuviel oder zuwenig von uns, unserem Glauben und unserer Arbeit erwartet. Der Kampf gegen die Resignation, gegen die ohnmächtige Anpassung an scheinbar unabänderliche Gegebenheiten, hat seine Wurzeln in der Erwartung, der Vision von einer gerechten Welt. Diese Vision sollten wir weder überstrapazieren und in Schuldgefühle ummünzen wegen all der Ansprüche, die wir nicht erfüllen können, noch geringschätzen oder gar auslöschen. Wir müssen lernen, unsere Kräfte realistisch einzuschätzen, also mit Gott für eine gerechte Welt zu kämpfen und gleichzeitig »klein zu denken«.

So banal es klingt, der erste Schritt liegt immer noch bei uns selbst. Er geht gerade in die Lieblosigkeit, in die liebeleere Welt, in die gnadenlosen gesellschaftlichen Verhältnisse hinein, auch in die oft so unschlüssigen, mühseligen und angstgefährdeten Liebesgeschichten, die wir erleben und die uns die Rede vom unbedingten Erwünschtsein als ein vielleicht zu großes Wort erscheinen lassen: »Es kann ja sein, daß uns der Glaube wirklich noch fehlt«, schreibt GOTTHARD FUCHS, »aber dann lassen Sie uns doch wenigstens die Botschaft hören, und die nicht auch noch verdrängen, dann lassen Sie uns doch mehr achten auf die Träume, die in uns zur Welt wollen, die Tag- und Nachtträume. Lassen Sie uns auf die Stimme der Sehnsucht achten und auf die Stimme der Ängste und des Leidens. Traum und Angst sind vielleicht die wichtigsten Wegführer in das Geheimnis geglückten Lebens und Christseins hinein. Nicht nur in der Bibel spricht Gott durch Träume und Ängste. Innerlicher, als wir uns selbst sind, kommt er uns ja längst zuvor mit dem Lockruf, indem er uns einlädt, unsere Hoffnungen nicht zu ermäßigen und unsere Träume nicht vorzeitig einer, wie auch immer, festgeschriebenen Realität anzupassen. (...) Dann lassen Sie uns wenigstens der Botschaft seiner Verheißungen und unserer Träume im Modus der Sehnsucht folgen.«

Der erste und wichtigste Schritt liegt also darin, unsere Visionen von einem geglückten, weil liebend ganz ausgeschöpften Leben wachzuhalten, sie uns immer wieder zu erzählen, vorzubuchstabieren, zu feiern. Die Vision der Christen ist eine Welt (die Jesus »Reich Gottes« nannte), in der alle Menschen und alle Kreatur gemeinsam leben können. Diese Welt ist nicht einfach »Himmel«, vertröstbar auf das Jenseits, nicht nur ausstehende Vollendung, sondern ein Weg, hier auf der Erde miteinander in Beziehung zu sein. Deutlich ökumenisch, unerschrocken politisch, grundlegend spirituell und wesentlich kommunikativ ist unsere Vision vor allem durch den Glauben, daß wir Gott als einen liebenden Gott aller Kreatur, als Schöpfer und Befreier, als die Liebe schlechthin kennenlernen können, daß es uns möglich ist, uns als Geliebte und liebende Menschen zu entwerfen.

Dieses »Entwerfen« führt weit darüber hinaus, die eigenen Bedürfnisse auszuleben, seine eigene Macht zu verwirklichen. Es bezieht sich vielmehr zurück auf die Vision, welche die Bibel vom »guten Leben« (Schalom) hatte, das erst aus der Annahme heraus auch hergestellt werden kann. Gott, die unverfügbare Dimension der Liebe, verheißt und gibt dieses »gute Leben«, aber es inkarniert sich nur dann in das Leben der Erde, wenn wir es als Geschenk annehmen und als Befreiung verwirklichen. Die Bibel gibt für diese Verwirklichung eine Richtung, eine Tendenz an, die empathisch und solidarisch zugleich ist: »Denn wer sein Leben retten will, der wird es verlieren; wer aber sein Leben verliert um meinetwillen, wird es finden« (Lukas 9,34; ähnlich auch 17,33; Matthäus 16,24; Johannes 12,25).

Das klingt in den Ohren der Zeitgenossen hart und anstößig, weil wir geneigt sind, zunächst einmal der Verwirklichung des eigenen Selbst eine allererste Priorität einzuräumen. Hier wird ein ganz anderer Ton angeschlagen als in der Forderung nach privater Sinnsuche. Denn es ist die Rede vom Gewinn oder Verlust des wahren, ganzen Lebens, nicht nur des Selbst. Sein Leben zu finden (weil es von Gott schon gegeben, von Jesus bereits anschaulich gemacht wurde), es nicht zu verfehlen, das ist das Ziel, die Vision. Dieses Leben zu finden ist etwas anderes als sich selbst zu verwirklichen. Es setzt nicht zuerst Arbeit an sich selbst voraus, sondern Suche nach dem wahren Leben. Gegen alle Utopieverluste und gegen die Erwartungslosigkeit, gegen alle vermeintliche Realitätsbezogenheit und gegen die gesellschaftlichen und ökonomischen Sachzwänge, gegen die Fixierung auf das sogenannte »Machbare« gibt diese Vision dem Ziel des Christseins einen Ort in der Geschichte: »So steht es mit dem Reich Gottes. Ein Mann fand einen Schatz, der in der Erde verborgen war. Er

deckte ihn wieder zu und ging überglücklich heim, ver-
kaufte alles, was er hatte, und kaufte dieses eine Stück
Land« (Matthäus 13,44).

Dies ist eine Geschichte vom Finden des wahren Lebens, um dessen willen man alles aufgeben kann. Dieses
Land kann man nur erwerben, wenn man alles Geld, alle
Kraft, alles Sehnen und Wünschen in diese Entdeckung zu
investieren bereit ist. Aber erwerbbar ist das Land nur für
den, der sich vom (Selbst-)Besitz trennt, der ihn umklam-
mert hält. Die Vision der Christen ist eine konkrete, reali-
sierbare Utopie, kein Wunschdenken, keine bloße Idee.
Sie hat einen Ort, der die Namen Solidarität und Gerechtigkeit trägt. Diese Vision vom wahren und guten Leben
ist gegeben, aber sie braucht den suchbereiten Menschen.
Wer sucht, geht aus von der Erfahrung des Mangels: daß
ihm und seinen Mitmenschen etwas fehlt zum Glück, was
er nicht in sich trägt und bloß zu entwickeln bräuchte. Ein
Suchender läßt sich etwas sagen, er ist offen und voller Erwartung. Er kann sich überraschen lassen, vom Schatz,
vom unverhofften Glück, vom Land, von der Verheißung,
die alles wendet.

Die Radikalität der Liebe

Liebe ist der Versuch, Schönheit in die Welt zu bringen:
»Heile, was verwundet ist...« Sie bringt einen leisen
Glanz über alle Dinge, auch die erbärmlichsten, kleinsten
und unscheinbarsten. Die letztliebende Antwort Gottes
ist keine begreifbare, keine ausrechenbare Größe, sondern
das Wunder, daß die Schwächsten und an den Rand der
Systeme und Strukturen Gedrückten am meisten geliebt

sind. Es ist eine Liebe, die den Verwundeten gilt und die selbst aus einer Wunde kommt. Ein Satz des Paulus schreckt mich auf, weil er diese Umstürzung unserer geläufigen Vorstellungen vom allmächtigen Gott zu denken wagt: »Denn ihr verlangt einen Beweis dafür, daß durch mich Christus spricht, der nicht in seiner Schwachheit, sondern in seiner Kraft über euch wirkt. Zwar wurde er in seiner Schwachheit gekreuzigt, aber er lebt aus Gottes Kraft. Auch wir sind schwach in ihm, aber wir werden zusammen mit ihm vor euren Augen aus Gottes Kraft leben« (2 Korinther 13,3 f.).

Gottes Sohn, der aus der Kraft Gottes geredet und gelebt hat, wurde in seiner Schwachheit ans Kreuz geschlagen. Um diese erschreckende Tatsache kommt Paulus nicht herum, und er bringt diese Erniedrigung immer wieder zum Ausdruck, am deutlichsten in einem Hymnus des Briefes an die Philipper: »Er war Gott gleich, hielt aber nicht daran fest, wie Gott zu sein, sondern er entäußerte sich und wurde wie ein Sklave und den Menschen gleich. Sein Leben war das eines Menschen; er erniedrigte sich und war gehorsam bis zum Tod, bis zum Tod am Kreuz. Darum hat Gott ihn über alle erhöht und ihm den Namen verliehen, der größer ist als alle Namen« (2,7–9). Unverkennbar ist der Gott Jesu kein starker und mit menschlicher Macht sympathisierender Gott. Wir neuzeitlichen und unserer Macht selbst-bewußt gewordenen Bürger haben uns mit einem reichen und mächtigen Gott nach unserem Bilde arrangiert, nach dem Bild unserer technisch-wissenschaftlichen Vormacht über alle Länder, Kreaturen und Ressourcen dieser Erde. Aber der Satz, daß wir nach dem Bilde Gottes sind, ist nicht umkehrbar: Gott ist kein Gott nach unserem Bild. Wir wollen einen Gott, so stark wie unser Kapital. Doch die Bibel freut sich über einen anderen Gott, einen ohnmächtigen Sohn der Menschen, der sich in ihre Gebrochenheit und Schwäche einläßt, der als wehrloses Kind mitten in der verletzbaren Welt der Armen und Kleingedrückten geboren wird.

Diese Geburt muß in uns wiederholt werden, immer wieder, sie muß in der Seele eines jeden Menschen geschehen, wie MEISTER ECKHART sagt. Sonst können wir der Liebe nicht ansichtig werden, die von diesem unter den Schmerzen einer Frau geborenen Kind ausgeht. Jesus Christus, der Schwache, der aus dem Bewußtsein und der Kraft Gottes heraus geredet und gehandelt hat, will uns in unserer Schwäche. Wir also, die Sicherheitsbesessenen, Übersättigten, Unzucht mit dem Geld und mit der Macht Treibenden – und Jesus, der eine einzige Wunde war, eine Wunde Gottes in der Welt. Wir, nach diesem Bilde Gottes geschaffen, sollen Gott entsprechen, verwundbar werden wie sein Sohn. Die Kraft seiner Schwäche soll auch unsere Kraft sein. Gott entsprechen heißt also nicht so sein wollen wie er. Die Entsprechung soll zeichenhaft geschehen, in denselben mit Leben und Liebe erfüllten Gesten der Nähe Gottes, durch die auch Jesus seine Umgebung mit Glück ansteckte. Christus ist mächtig in uns, gerade weil er schwach war wie die wirklich Glücklichen, mit Gottes Kraft Gesegneten, Verwundbaren dieser Welt.

Machen wir uns nichts vor, in unseren Breitengraden ist nur wenig Liebe, geschweige denn Radikalität der Liebe, die sich dieser Transzendenz und Verbundenheit bewußt ist. Daß Gott Liebe ist, indem er *ex amore,* aus Liebe die Schöpfung aus sich entstehen läßt, ist uns nicht bewußt. Jede Äußerung, jede Geste, jedes Wort aus und in solcher Liebe ist ein Akt der Neuschöpfung, ist Erzeugung aus ununterbrochenem Erfindungsreichtum, aus schöpferischer und zugleich unerschöpflicher Liebe. Diesen Gedanken hat FRANZ XAVER KROETZ in einem Interview geäußert: »Liebe ist eine Möglichkeit, das Universum zu erkennen, eine Kategorie, die das Universum verständlich machen kann. (...) Was nicht letztlich von der menschlichen Sehnsucht nach Liebe geprägt ist, zerfällt und kann nicht übrigbleiben.«

Liebe schafft Lichtblicke in einer chaotischen Welt, ohne sie vermöchten wir nicht zu leben und zu bestehen. Gerade weil sie so korrumpierbar und mißbrauchbar, so verwundbar und elementar ist, muß zunächst sie gerettet werden. Liebe ist noch in den hilflosesten und sinnlosesten Versuchen, etwas zu schaffen, was angesichts des Zerrissenen und endgültig Zerbrochenen Bestand haben könnte. Ich kann Liebe in dieser fürchterlich deprimierenden Welt nicht anders verstehen, als daß sie eine kleine Hoffnung ist, die unendliche Enttäuschung überwinden zu können, die stöhnende Schöpfung zu trösten, den schreienden Gott selber zu hören. Die Mystikerinnen und Mystiker haben Gott, vor allem Jesus, als großen Liebenden für sich entdeckt. Dieser grandiose Versuch, im Anblick des Abgrunds der Welt und der Seele den stummen-fernen Gott hörbar und sichtbar zu machen, ihm Nähe abzuringen, ist auch für uns heute noch ein Weg, gerade im Schmerz und in der Schwäche, im Tal der Tränen die Liebe und Beziehungssehnsucht Gottes zu erkennen. Ich kann mir Gott nicht als jemanden vorstellen, der abseits und vom Weltgeschehen unberührt das Leiden in Kauf nimmt, den Schmerz auch nur einen Tag lang duldet. Die Freiheit des Menschen war der Versuch Gottes, ihn nicht abhängig an sich zu binden, sondern ihn liebend freizulassen, um Liebe empfinden zu können. »Wir haben, wo wir lieben, nichts als dies: einander lassen« (RAINER MARIA RILKE). Ich bin überzeugt, daß Gott unsere Liebe sucht. Er braucht sie. Er möchte darin geliebt werden, daß *wir* die Menschen, die Erde lieben. Er hat mit uns freien Menschen den Schmerz und die Verwundbarkeit miterschaffen. Sie sind der Preis für das Leiden, aber auch für die Möglichkeit großen Glücks. Gott will den liebesfähigen, aber auch den leidensbereiten, den schmerzwachen, den glücksempfindlichen Menschen. Die Radikalität der Liebe schließt Unberechenbarkeit, Verirrung und den Zweifel mit ein. Wir sind uns der Liebe nie sicher, aber ganz sicher ist, daß wir Menschen werden können nur als Liebende.

Die Verschwendung der Liebe

Unser Streifzug durch das der Religion und Erotik gemeinsame Land bliebe unvollständig, sollte nicht jener Denker wenigstens kurz zur Sprache kommen, dem wir besonders profunde Einsichten verdanken: GEORGES BATAILLE. Er hat die Energien christlicher Religion und des erotischen Lebens in einer unaufgebbaren Einheit gesehen, die nicht anders als aufregend, angriffig, pointiert und visionär bezeichnet werden kann. »Von der Erotik kann man sagen, daß sie die Zustimmung zum Leben bis in den Tod hinein ist« – mit diesem Paukenschlag beginnt eines seiner Hauptwerke, »L'Érotisme«, zu deutsch: »Der heilige Eros«. Dieses Buch ist ein grandioser Versuch, den alten Zusammenhang von Religion und Erotik in der denkbar radikalsten Weise herzustellen, »in einer allgemeinen Perspektive das Bild wiederzufinden, von dem meine Jugend besessen war: das Bild Gottes«. BATAILLE kehrt damit zwar nicht zu seinem Jugendglauben zurück, aber, so schreibt er, »in dieser verlassenen Welt, in der wir umgehen, hat die menschliche Leidenschaft nur ein Ziel«.

GEORGES BATAILLE denkt dieses Thema in einer Weise, die ihre Radikalität aus dem letzten Schrecken gewinnt, was die Erotik der Körper, des Herzens, des Heiligen anrichten kann: »Alles, was die Erotik aufbietet, hat zum Ziel, das Wesen im Allerinnersten zu treffen, dort, wo uns der Mut verläßt.« Die Absurdität des Liebens, die Aura der Todesnähe, das Leiden in Beziehungen führt direkt auch in die wunderbare Wahrheit, daß das Leben zwar sterblich sein mag, die Kontinuität des Seins aber nicht. Sie ist uns in der Erfahrung des Heiligen gegeben; das Göttliche ist das Wesen der Kontinuität. Diesen Zusammenhang hat das Christentum vergessen, zumindest verbogen, auf jeden Fall zunichte gemacht: Zugleich mit der radikalen Verurteilung wurde die Erotik dem profanen Bereich zugeordnet, also aus dem Innersten der Religion verdrängt. Die Freiheit, die Lust, das erotische Spiel war im Christentum nichts anderes als Zügellosigkeit, Verderbtheit, das Böse schlechthin. Indem die christliche Religion das absolute Verdikt über das Erotische aussprach, es in die Erniedrigung verbannte, bereitete sie den Boden für ungeahnte Schuldgefühle, für Gewissenskonflikte ständiger »Verbotsübertretungen«, schuf sie ein ganzes Pandämonium der Höllen, Ängste und Schrecken.

Damit hat das Christentum das Heilige auf den Aspekt des Segensreichen, Reinen, Unschuldigen reduziert. Das Feuer des heiligen Eros blieb gezügelt, wurde zum Teil bewußt niedriggehalten oder ganz ausgetreten. Da Eros in das Profane verwiesen wurde, mußte er gleichzeitig auch verdammt werden, BATAILLE nennt ihn das »verdammte Heilige«. Die Überweisung in das Profane schuf die Sünde: Sexualität ist nichts anderes als eine endlose Folge von Übertretungen dieser Grenze. Natürlich weiß auch BATAILLE – und gibt es offen zu –, daß Erotik und Heiligkeit nicht unbedingt dieselbe Natur haben, aber beide Erfahrungen besitzen äußerste Intensität: »Wenn ich von der Heiligkeit spreche, meine ich das Leben, das von der Gegenwart einer heiligen Realität in uns bestimmt wird, von einer Realität, die uns bis ins letzte erschüttern kann.« Der heilige und der erotische Mensch sind beide nicht auf der Suche nach Effizienz; sie verschwenden sich vielmehr und kommen damit dieser äußersten Intensität nahe – und dem Tod. Ihre Erfahrung zeigt, daß der erotische Augenblick auch der intensivste ist. »Um bis ans Ende der Ekstase zu gehen, wo wir uns im Sinnengenuß verlieren, müssen wir ihm immer die unmittelbare Grenze ziehen: diese Grenze ist der Schrecken. Nicht allein der Schmerz, der Schmerz anderer oder mein eigener, vermag mich dem Augenblick näherzubringen, da der Schrecken mich erfaßt und in mir den ins Delirium übergehenden Freudenzustand erzeugt. Es gibt nicht eine einzige Art von Widerwillen, in der ich nicht eine Affinität zum Verlangen erkenne. Der Schrekken vermischt sich zwar nie mit der Anziehung: aber wenn er sie nicht aufhalten, sie nicht zerstören kann, verstärkt der Schrecken die Anziehung. Die Gefahr lähmt, aber wenn sie weniger bedrohlich ist, kann sie das Verlangen erregen. Wir erreichen die Ekstase nicht, wenn wir nicht – und sei es nur in der Ferne – den Tod, die Vernichtung vor uns sehen« (GEORGES BATAILLE, Das obszöne Werk).

Die erotische Erfahrung ist daher eine des Tabus und seiner Überschreitung, in welcher der Mensch sein Ich transzendiert. Die Ekstase, das buchstäbliche Außer-sich-Sein, die Selbstauflösung, das die Mystik in religiöser Versenkung gefunden hat, ist ein Symbol für letzte und äußerste Verschwendung und darin eine anarchische Revolte gegen jedes Rentabilitäts- und Effizienzdenken. In solcher Verschwendung erst, in den Momenten des Todes und der Selbstverschleuderung, findet der Mensch seine Souveränität: »eine Erfahrung der Sexualität, die um ihrer selbst willen das Überschreiten der Grenze mit dem Tod Gottes verbindet« (MICHEL FOUCAULT). »Die Lust wäre verächtlich«, schreibt BATAILLE, »wenn es nicht ein überwältigendes Überschreiten wäre, das nicht nur der sexuellen Ekstase vorbehalten ist. Die Mystiker haben es in der gleichen Weise erfahren. Das Sein wird uns gegeben in einem *unerträglichen* Überschreiten des Seins, das nicht weniger unerträglich ist als der Tod. Und da das Sein uns im Tod zur gleichen Zeit, da es uns geschenkt, auch wieder genommen wird, müssen wir es im *Erleben* des Todes suchen, in jenen unerträglichen Momenten, in denen wir zu sterben glauben, weil das Sein in uns nur noch Exzeß ist, wenn die Fülle des Schreckens und die der Freude zusammenfallen.«

GEORGES BATAILLE, den JEAN-PAUL SARTRE einen »neuen Mystiker« genannt hat, faßt die Wahrheit der Erotik also tragisch auf: Im bewußten Gegensatz zur gesellschaftlichen Verdammung, religiösen Verharmlosung wie zur hygienischen Sterilisierung der Sexualität identifiziert er sie mit dem Schrecken, dem Entsetzen, dem Tod. BATAILLE entwirft dabei keine neue Sprache für seine Erotik. Es fällt auf, daß er sich, um ekstatische Zustände zu beschreiben, auf die es ihm ankommt, eines Vokabulars bedient, das zumindest im Deutschen an die Sprache religiöser Emotionalität erinnert: »zittern«, »beben«, »krampfen«, »Wunden reißen«. Die Momente des Erotischen geraten aber auch immer wieder in einen Sprachraum, der von Bezauberung, unmittelbarer Wärme und einem intimen Leuchten geprägt ist – zwei Beispiele: »Die Wärme des Lebens hatte mich verlassen, mein Verlangen war ohne Ziel: meine feindseligen, schmerzenden Finger woben noch immer am Gewebe des Glücks.« – »Das Glück belebt die kleinsten Teile des Universums: das Funkeln der Sterne ist seine Kraft, eine Feldblume sein Zauberspruch.« Damit versucht er, im Angesicht des realen Schreckens und der heiligen Unberechenbarkeit das noch

Wahrnehmbare zu bannen und mitzuteilen. Seine Bücher sind Manifeste, mystische Zeugnisse, philosophisches Ringen um Klarheit, nicht Schuldzuweisung an die eine oder andere Adresse.

Das Christentum hat von jeher das Unbehagen des Menschen als Angelpunkt seiner Machtansprüche mißbraucht und dazu gedrängt, Angst in Glauben zu verwandeln. Der säkularisierte Mensch von heute lebt sie eher in Aggressionen aus. BATAILLE fordert auf, die Angst bewußt zu erleben, den Schrecken und die Todesnähe als Sprungbrett in die Überschreitung zu bejahen. Ohne das Erlebnis der Angst wären Menschen nicht fähig, ihr Selbstbewußtsein zu erreichen, geschweige denn die Möglichkeiten »souveräner Selbstverschwendung« zu begreifen. Gott ist das Grenzenlose, das schwindelerregende Gefühl der Maßlosigkeit in uns: »Aber was die Mystik nicht zu sagen vermochte (denn in diesem Augenblick verlor sie das Bewußtsein), sagt der Erotismus: Gott ist nichts, wenn er nicht das Überschreiten Gottes nach allen Seiten ist, in Richtung des banalen Seins, des Entsetzens und der Unreinheit, und schließlich in der des Nichts... Wir können der Sprache nicht ungestraft das Wort, das die Wörter überschreitet, hinzufügen: das Wort *Gott*. In dem Augenblick, da wir es tun, zerstört dieses Wort, indem es über sich selbst hinauswächst, in schwindelerregender Weise seine Grenzen. Das heißt, es schreckt vor nichts zurück. Es ist überall dort, wo man es unmöglich erwarten kann: es ist selbst eine *Ungeheuerlichkeit*. Wer immer die geringste Ahnung davon hat, verstummt augenblicklich. Oder den Ausgang suchend und wissend, daß er in ein offenes Messer rennen wird, beginnt er ihn in dem zu suchen, was ihn vernichten und so Gott ähnlich machen kann – ähnlich dem Nichts.«

Die Erotik Gottes ist für GEORGES BATAILLE das Erkennen unbedingter Grenzenlosigkeit, das ganz »geöffnetes Sein« ist. Das offene und sterbende, schmerzerfüllte und glückliche Wesen erscheint dann »in seinem verhüllten Licht: dieses Licht ist göttlich«. Am Abgrund aller Leidenschaften angekommen, kann der Liebende Gott nur erkennen, wenn er eben diesen letzten, kleinen Schritt zu tun bereit ist, der ihn hineinträgt in das ungewisse, rückhaltlose Sein.

Die Revolution der Liebe

Wenn wir lieben, dann ist es so: »Ich merkte, daß ich verwundet war, daß etwas in meine innerste Bastion, in meine Einsamkeit eingebrochen war«, schreibt HARTMUT VON HENTIG. »Alles, was ich in Liebe tue, nehme ich doch von mir selbst, tue ich mir selbst zum Trotz, tue ich in Selbstvernichtung und Selbstverachtung. Es tut weh und hört nie auf, weh zu tun; und doch kehrt alles wieder zu mir zurück und gibt mir Leben und Hoffnung. Deine Sehnsucht nach Vollkommenheit ist deine schlimmste Selbstsucht. Daß ich meiner Liebe ganz und ohne Reue und Zweifel gehorche, ist meine Demut. Was deine Liebe so selbstsüchtig und lächerlich macht, ist dein ständiger Wunsch, sie zu ›verbessern‹, sind die endlosen Gedanken, die du dir über sie machst. Alles, was du wissen mußt, ist, ob du wirklich liebst. Das andere geschieht von alleine.«

Die Liebe ist nicht nur die Himmelsmacht, als die sie oft besungen wird. Sie nimmt unser ganzes Sein in Anspruch, doch HARTMUT VON HENTIG hat recht, wenn er davor warnt, sie immer verbessern und vervollkommnen zu wollen. Nicht in unbegrenzter Maximierung, nicht in einem fetischistischen Immer-Mehr, nicht in der Expansion immer neuer, einander rasch ablösender sexueller Erfahrungen liegt ihre Chance, sondern darin, wie das leidenschaftliche Leben, das mit Schmerz und Glück verbunden ist, an Intensität, an Tiefe und – ja, auch an Demut gewinnt. Jeder Mensch braucht die Erfahrung, unzerstört, bejaht, unbedingt gewürdigt und geliebt zu sein. In dieser Erfahrung des Nicht-kaputt-Seins, der Tiefe der Empfindung einer unauslöschlichen Liebe zum Lebendigen kann die Fähigkeit zur Liebe auch in den täglich erlebbaren Kontrasterfahrungen von emotionaler Verwahrlosung und erotischer Verarmung wachsen. Jemand, der viele Ängste ausgestanden und Einsamkeit erfahren hat, er hat auch andere Erfahrungen gemacht oder wünscht sie sich herbei, nimmt sie im Modus seiner Sehnsucht und seiner Träume vorweg. Er weiß, oft nur instinktiv oder unbewußt, daß Kälte und Einsamkeit auch in seinen Beziehungen nicht die letzte und eigentlich mögliche Erfahrung in einer Gesellschaft im Kältestrom sind. Liebe braucht zu ihrer ganzheitlichen Entfaltung Empathie (Einfühlungsgabe), Sympathie (Mitleiden) und den Wunsch, der zur Tat werden kann: »Jeder Mensch ist berufen, etwas in der Welt zur Vollendung zu bringen. Eines jeden bedarf die Welt« (MARTIN BUBER).

Die Fähigkeiten zur Liebe können uns zuwachsen, wenn wir geliebt werden als der Mensch, der wir sind. Aber wir sollten uns nicht täuschen, daß sie gesamtgesellschaftlich weder zählen noch sonderlich gefragt sind. Sie müssen der Realität abgetrotzt werden, brauchen eine bestimmte Empfänglichkeit und Sensibilität, und sei sie auch noch so unansehnlich und unausgeprägt. Sie kommen nicht aus Eigenmächtigkeit, sondern der andere ermöglicht sie uns in seiner Liebe, in dem, was er aus uns herausliebt.

Eine solche Liebe ist dazu bestimmt, gegen gesellschaftlich mächtige Strukturen, gegen die soziale Kälte um uns herum anzugehen. Sie vermag es aber nur, wenn sie nicht in der Isolationshaft von »Zweierbeziehungen« verkümmert. Das erotische Leben enthält ein Versprechen, daß solche Möglichkeiten wahr und wirklich werden können, zeichnet etwas von der Gewißheit in die Welt ein, daß uns etwas gegeben ist, was unzerstörbar bleibt, was uns keine noch so düstere Kontrasterfahrung wegnehmen kann. In dieser Liebe können wir gegen die Friedlosigkeit und Liebeleere gesellschaftlicher Verhältnisse und gegen den Unfrieden in uns selbst anleben, gegen die lieblose Auslöschung erotischer Träume und Wünsche kleine, aber unübersehbare Zeichen des Widerstands setzen.

Ich weiß, daß ich mit all dem eine fast versunkene Welt beschwöre, wenn ich hier anfanghafte Möglichkeiten einer erotischen Kultur aufzuzeigen versuche. Ich weiß, daß ich keine triftigen Beweise für eine Realitätstüchtigkeit vorlegen kann. Ich weiß, daß uns die Gesellschaft gerade die Bedingungen verweigert und vorenthält, in denen Liebe sozial relevant werden könnte. Ich muß in sehr unbeholfenen und nur wenig anerkannten Begriffen von Gnade, von Transzendentalität, von Vision sprechen, um überhaupt dieser ersehnten Liebe eine sprachliche Gestalt geben zu können. Wir haben keine Sprache für Liebe und Erotik, in der Gesellschaft nicht und ebensowenig in der Religion. Wir müssen sie erst mühsam einüben, gegen die Auslöschung von Träumen und Hoffnungen, gegen die Zerstörung von Sprache, gegen die Herrschaft der Begriffe und Zeitungsschlagzeilen. Wir müssen auf den alten, leuchtenden Wörtern insistieren, wenn wir Religion und Erotik miteinander versöhnen, ja überhaupt das Erotische für die Religion zurückgewinnen wollen. Eine erotische Religion ist verknüpft mit dem, woran Menschen die Wahrheit für ihr Leben erkennen, die Gültigkeit eigener Erfahrungen ebenso wie ihr Scheitern und das Verlöschen ihrer Hoffnungen. Liebe läßt sich nicht realisieren, indem man den Menschen von oben herab Glaubensgewißheiten oder moralische Richtigkeiten andoziert und sie in der Beschwörung dessen, was man für das Beste an Moral und Ethik hält, in zynischer Weise verfehlt. Um zu erkennen, was erotische Religion sein kann, braucht es die unmittelbare Wahrnehmung der alltäglichen Verwahrlosung der Liebe im gesellschaftlichen Zusammenhang ebenso wie die illuminierenden erotischen Gesten, Worte und Wünsche: Erfahrung gegen alle Erfahrung, Hoffnung wider alle Hoffnung, Sehnsucht nach berührbaren Menschen mitten im Packeis.

Die tiefste Dimension der biblischen Erfahrung des leidenschaftlichen Lebens ist wohl darin zu erkennen, daß Eros und Agape zusammengehören, daß der Mensch in seinem Verlangen nach Liebe ernst genommen ist, weil Gott selbst ihn liebt und ihm entgegenkommt. Der Mensch ist der Liebe bedürftig, nicht nur zu seinem eigenen Wohlbefinden, sondern zum Glück aller. Es ist klar, daß dieser Ausgangspunkt unserer Rückfrage nach den biblischen Traditionen auf etwas anderes abzielt als die spät-europäische Kultur subjektiver Bedürfnisse, wie sie heute im diffusen, unsteten Verlangen nach Selbstverwirklichung ihren Ausdruck findet. Die biblische Erkenntnis des liebenden Menschen sprengt die privaten Verengungen, die idealisierten Romanzen, die säkularisierten Heilslehren, die geschäftige Bindungslosigkeit auf, indem sie mit dem Satz »Gott ist die Liebe« nicht nur eine Bestimmung oder Definition ausspricht, sondern die Ganzheit, Solidarität und Treue der Liebe in Erinnerung ruft. Denn biblisch heißt Liebe, durch Gott zu leidenschaftlichem Leben angestiftet zu sein, zur Hingabe fähig zu werden. Das ist die tiefe Dimension der Erwartung, in die alles christliche Glauben und Handeln einmünden soll: die Vision eines leidenschaftlichen, erotischen, engagierten Lebens, das soziale Liebe realisieren will. Die Liebe hat teil am revolutionären Christsein. Das Christsein revolutionär zu leben bedeutet, die größere Vision der Gerechtigkeit für alle Menschen möglich zu machen. Erotische Religion läßt Liebe so sehr Tat werden, daß sie in sozialer Phantasie ungerechte Strukturen verändert. Wirklich radikal, das heißt an die Wurzel gehend, ist die Vision vom anderen Leben erst dann, wenn sie uns ganz ergreift, unsere Hoffnungen bestimmt. »Ich verlobe mich mit der Revolution«, hat DOROTHEE SÖLLE gesagt, das ist ein mystisch-politischer Satz, der in seiner ganzen Tiefe erst begriffen wird, wenn man und frau den Ernst, das Glück und den Schmerz dieses Versprechens zu begreifen sucht. Das Fehlen einer Vision vom anderen Leben macht die Liebe phantasielos und im sozialen Sinn unproduktiv. Sie verkümmert dann zur selbstgenügsamen Abgeschiedenheit. In der biblischen Tradition ist die Wahrheit des guten Lebens immer verknüpft mit Gerechtigkeit, Frieden und Liebe zur Schöpfung. Es gibt im christlichen Verständnis kein privates Glück auf Kosten des allgemeinen Unglücks, kein Reservat im falschen und beschädigten Leben. Es gibt kein wirkliches Glück bei geschlossenen Augen.

Die Revolution der Liebe in einer erotischen Religion hat noch eine zweite, sehr wichtige Komponente: die Befreiung der Sexualität. Die Sexualität ist eine anarchische Macht, eine Unruhestifterin, sie gehört als eine Kraft des Erotischen in den Bereich des Weiblichen. Das christliche Mißtrauen gegen die Lust ist letztlich in einer tiefgreifenden Abwertung der Frau begründet: die Nacht, der Schatten, die Natur, das Fleisch, die Sinne, der Leib, die Materie, der gesamte Kosmos. Wenn wir die Lust an der Erotik befreien wollen, muß die Religion sich ihrer weiblichen Seite bewußt werden, oder um es mit einem Kampfbegriff zu sagen: Die feministische Revolution der Theologie und Kirche muß weitergehen. Solange wir nicht aufhören, nur in der männlichen Weise theologisch zu denken, allein auf die Helle des Bewußtseins zu setzen, die ein höchst trügerisches Licht wirft, wird die erotische Religion in der noch immer zutiefst sexistischen Kultur keine Chance haben. Revolution bedeutet hier Abbau von Hierarchien und Machtstrukturen, Revitalisierung des Weiblichen, Verzicht auf Kontrollierung und Unterdrückung des Erotischen. Eros fordert Abschied vom Effizienz-, Erfolgs- und Nützlichkeitsdenken, er überschreitet das Notwendige, Planvolle, Beherrschbare, weil er ganz aus Phantasie und Verschwendung lebt. Er verträgt die männliche Lust an Macht und Herrschaft ebensowenig wie ein Übermaß an Ordnung, Willenskraft und Übersicht. Darum ist die Revolution einer erotischen Religion ein feministischer Kampf.

Bis in die diffizilsten kirchlichen Strukturen und feinsten Mechanismen des religiösen Lebens in der westlichen Welt hinein ist die Dominanz des patriarchalischen Denkens zu spüren. Es wird unendliche Geduld und Arbeit erfordern, der Revolution einer erotischen Religion auch nur im Ansatz zum Durchbruch zu verhelfen. Kirche ist auch heute noch frauen-, eros- und leibfeindlich und stellt selber ein Hindernis auf dem Weg zu einer erotisch inspirierten Religion dar. Aber Kirche ist auch, entgegen manch anderer Erfahrung, veränderungsfähig, solange es in ihr Christinnen und Christen gibt, die diese Veränderung leben. Im repressiven Komplex der abendländischen Erosfeindschaft ist das Christentum allerdings nicht die Ursache von Eingrenzung und Beherrschung der Sexualität und damit der Frau. Das Christentum kann jedoch die Allianz mit der wirtschaftlichen und politischen Macht brechen und einen ersten, aber wichtigen Schritt tun, indem es andere Prioritäten sichtbar macht, andere Optionen vertritt, andere Hoffnungen ausspricht, andere Lebensräume schafft.

Wer, wenn nicht wir? Wir, Frauen und Männer, geboren aus der Liebe, gehalten in der Liebe, entlassen in die bergende nächtliche Liebe, die auf uns wartet. Gott ist nicht Mann und nicht Frau, sondern Liebe. Gott ist unendliches Beziehungsgeschehen, aber keine Beziehung außerhalb der geliebten Erde. Wir sind es, die diese Liebe abbilden, verwirklichen, darstellen können in einer Welt der Angst und Gewalt. Wir sind es, die abrüsten können, die Waffen strecken, die Bewegung des Friedens wagen können. Wer, wenn nicht wir? Auf wen sollte Gott setzen, mit wem sollte er sein großes Projekt der Geschichte zu Ende bringen, wenn nicht mit uns? Unerschrocken, erotisch inspiriert, fröhlich und frech, heilig und respektlos stelle ich mir die Christen vor, die das Projekt Gottes nicht aufgeben, sondern weitertreiben. Ich verstehe diese Aufgabe, ein Mensch und darin ein Christ zu sein, als Anstiftung zum Glück für alle, als Erweckung der Liebe im individuellen und politischen Sinn, als die Erschaffung von Schönheit in der Welt. Diese Schönheit ist eine Vision Gottes, ein Traum vom Möglichen: in der Verzückung die Sehnsucht erleben, im Begehren die Unruhe, im Zweifel die Trauer, in der Leidenschaft das Wagnis. Wem, wenn nicht uns sollte das gelingen können? »An den Quellen der Träume, der Mythen und der Liebe: Dort ist der Raum, in dem Gott Wohnung nehmen möchte. Wenn dieser Raum leersteht, dann ist der Mensch von Unruhe, Angst und Überdruß bewohnt. Dann helfen ihm weder Geld noch Besitz noch alle Schätze der Erde, aus seinem Herzen weht der eisige Wind der Einsamkeit. Und dann kann es geschehen, daß die unterdrückte Seele, so lange der Liebkosung Gottes beraubt, nachts wach wird (vielleicht nach einem Abend voller Vergnügen und Genuß) und erschrocken ist über die eigene Leere« (Ernesto Cardenal).

Liebe ist die Suche nach Fülle, nach der Überwindung des leeren Raumes in und um uns. Liebe ist Abschied von der Welt- und Selbstzerstörung. Wenn Gott die Liebe ist und die Menschen sein/ihr Abbild, dann wäre Liebe eine unendliche erotische Revolution aller unserer Verhältnisse. Ich weiß nicht, ob wir dazu genug Mut aufbringen, oder ob wir aufgeben, bevor wir richtig begonnen haben: »Die einzige wahre Revolution, die uns das kommende Jahrhundert bescheren kann, wird die sein: daß der Mensch die Gottebenbildlichkeit seines Seins und seines Wesens wiederentdeckt« (Gabriel Matzneff). Gegen die Entsinnlichung des Daseins, gegen die wachsende Öde und Leere in uns, gegen die Gefahr, daß wir unser Gesicht verlieren, gegen die Verkümmerung des Erotischen lebt diese Hoffnung weiter, hält sich fest an der versprochenen Möglichkeit, daß Schönheit entstehen kann.

Wann, wenn nicht heute? Wir können nicht anders Christen werden als heute. Christsein ist kein Programm, das sich auf morgen verschieben läßt. Der Satz »Morgen werde ich lieben« ist sinnlos. Jetzt, heute ist der Tag, an dem sich alles bewahrheiten kann, was Christsein verspricht: mehr Liebe in der Welt, mehr Erfahrung der Liebe als Spiegelung des göttlichen Schalom. Die Mystiker haben immer großen Wert auf die Erfahrung des Augenblicks gelegt, auf die Nähe Gottes im Moment, auf das Heute. Von dieser Gegenwart und Gegenwärtigkeit her haben sie die unendlichen Träume zu träumen, die Ängste zu besiegen versucht. Heute ist kein Kalenderwort wie Donnerstag, Freitag. Heute ist ein Wort der Mystik, weil

Gott ein Gott der Gegenwart ist. Das bedeutet nicht, geschichtslos zu werden oder der Zukunft zu mißtrauen, im Gegenteil. Aber getragen ist die Liebe immer von der Möglichkeit, heute wirklich werden zu können. Die Mystikerinnen und Mystiker erlebten das Heute als die Fülle der Ewigkeit, als eines im Jetzt und Hier erfahrbaren Zusammenhangs alles Vergangenen mit dem Künftigen. In einem Atemzug spürten sie das Atmen der Welt von ihrem Anbeginn an, in einem winzigen Fragment entdeckten sie die Schönheit des Ganzen.

Wenn wir nur einmal in einem solchen Fragment die Verheißung spüren könnten, die Gott in und mit unserem Leben ausgesprochen hat, hätten wir den ersten Schritt getan, auf den alles ankommt. Die Liebe läßt sich nicht aufschieben, die Revolution auch nicht. Wir werden erst dann auf dem Weg zu einer erotischen Religion sein, wenn wir mystisch und politisch, das heißt christlich wach werden. Dieses Erwachen gibt Gott die Chance, noch einmal in uns der Liebende der Welt zu werden.

Sich in Gott verlieben

Irgendwann, eines Tages, geschieht es, daß wir uns in Gott verlieben. Wir waren einander begegnet, hatten etwas miteinander geteilt. Von der Liebe Gottes gepackt zu werden ist nicht viel anders, als sich in eine Frau oder einen Mann zu verlieben. Man sieht sich, vielleicht an einem ganz unmöglichen Ort, anläßlich einer ganz belanglosen Begebenheit oder aus unvermutetem, nichtigen Anlaß – und plötzlich weiß man, daß man sich wiedersehen will. Etwas wird dir kostbar und unermeßlich wichtig, und du willst es nicht mehr verlieren. Du redest mit Gott und spürst, wie seine Antwort in dir beglückend Raum gewinnt. In einem menschlichen Antlitz taucht er vor deinen Augen auf und sieht dich unverwandt an. Es fällt dir leicht, seinem Blick zu begegnen.

Es beginnt eine ganz normale Liebesgeschichte, mit allen Verwunderungen, Verzauberungen, Betörungen. Wenn es dich so erwischt hat, fängst du an, immer wieder den Ort aufzusuchen, an dem du ihm zuerst begegnet bist. Du möchtest zu dieser besonderen Kirche, auf jenen Platz oder in eine bestimmte Straße gehen, um ihn wiederzusehen. Ja, du traust sogar den Versprechen der Kirchen, in ihren Häusern sei es besonders einfach, ihm zu begegnen, sozusagen unausweichlich und gottgegeben. Aber irgendwann spürst du, daß Gott überall ist. Du siehst ihn nicht in der Liturgie, ja nicht einmal an heiligen Stätten. Die Kathedralen und Dome und Paläste werden dir gleichgültig. Sie verlieren ihre mystische Faszination, ihr Geheimnis, ihre wunderbare Stimmung. Grandiose Kunstwerke sind sie, das räumst du ein, und du gestehst sogar zu, daß sie allein zu dem Zweck gebaut wurden, Gott zu loben. Aber sie haben mit Gott nichts zu tun, sie sind nicht seine Wohnung. Du gehst weiter in Gottesdienste, doch nicht, weil sie in Kirchen und Kapellen stattfinden, sondern weil du dort Menschen begegnest, von denen du annimmst, daß sie von der gleichen Sehnsucht getrieben werden. Wenn man verliebt ist, scheint alles möglich. Du traust den möglichen Wundern alles zu. Das Ambiente der Liturgie, die uralten Rituale sprechen dich an, das Halbdunkel, die Gesten, die Kerzen, die Gesänge, das Gemurmel alter Gebete. Wie ein Liebesgeflüster kommen sie dir vor, wie ein heimliches Werben umeinander. Man gesteht sich die intimsten Dinge, läßt einander in die Abgründe der eigenen Leidenschaften blicken.

Gott sagt dir, daß er dich will und braucht. Vielleicht ist er sogar eifersüchtig, wenn du dich ihm nicht mit allen Sinnen und Kräften zuwendest. Du sollst keine anderen Verhältnisse neben ihm haben. Manchmal gibt es dann Streit und Mißverständnisse. Du sagst ihm dann, er solle fortgehen, und er wird gehen. Aber nachdem die Liebe dein Herz verlassen hat, wirst du dir verloren vorkommen und ihn zurückrufen. Nichts kann so schön sein, als sich wieder zu versöhnen und ein neues Fest zu feiern. Und doch kann es geschehen, daß er eines Tages nicht mehr zurückkommt. Dann fühlst du dich wie jeder andere verlassene Liebhaber auch. Unerträglich allein mußt du mit der Leere in deinem Leben zurechtkommen. Die Welt um dich herum verliert ihre Farben, die Liebe ist nur noch eine Erinnerung.

Irgendwann entdeckst du in dir ein neues Bild von Gott, mit dem du dich anfreunden kannst. Du bist älter geworden, reifer, erfahrener, aber auch Gott ist nicht mehr derselbe. Du schaust einem anderen Menschen ins Gesicht und entdeckst dabei seine Gegenwart und beglückende Nähe. Er zeigt dir, wie die Liebe eigentlich ausschaut – ihr menschliches Antlitz.

Ein privates Nachwort

Das Private ist das Politische, hat man formuliert, so weit möchte ich nicht gehen. Das Private ist zunächst einmal das Persönliche, das zum Öffentlichen werden kann. Ich habe hier keine Selbstkonfessionen abzulegen, doch ein Stück Rechenschaft soll es sein, die sich nicht hinter manchen gelungenen, vielleicht auch schönen Sätzen dieses Buches verstecken kann. »Das letzte, was man findet, wenn man ein Werk schreibt, ist, daß man weiß, womit man beginnen soll« – diesen Satz schrieb BLAISE PASCAL in seinen Pensées über die Religion. Er wird hier zitiert, weil die Unabgeschlossenheit und Vorläufigkeit der vorgelegten Gedanken und Entwürfe zur Bescheidenheit zwingt. Jetzt, am Ende dieses Buches angelangt, das mühelos auch doppelt so umfangreich hätte werden können, ist mein Thema wieder offen, und ich sehe keine Möglichkeit mehr, damit zu Ende zu kommen. Ich habe einige Stunden, Tage, Wochen und – zusammengerechnet – auch Monate des Schreibens hinter mir. Jedes Schreiben entzieht mich den Mitmenschen; es ist einsamste Beschäftigung. Ich schreibe, um allein bleiben zu können. Wenn ich nicht schreiben würde, müßte ich sprechen, mitteilsam sein, lieben. Selbst ein Buch über das Thema, wie es hier angegangen wurde, in das selbst manche sprachlich-erotische Neigungen und Einflüsse eingehen, verhindert ja die Erotik.

Ich habe mich bemüht, mich irgendwelcher Rezepte zu enthalten, denn sie helfen nicht zum Leben, sie helfen nur Leben ersparen. Was habe ich gesucht, Kommunikation, Berührung, Anwesenheit, Lebenszeichen? Jedenfalls eine Ahnung von Zukunft, Abstand vom konsumistischen Sprachgebrauch, von der Verheißung der *Instant Satisfac-*

tion. Lebenserwartung ist keine Konsumhaltung, sie erspart Leben ebensowenig wie Anstrengung. Ich wollte mich in eine Sprache einüben, von der sich die Sache erschüttern und bewegen ließ, ohne innere und äußere Ermahnungen, die bekanntlich keinen blinden Wunsch sehend machen. Ich wollte das archaische Zeigen der Sache selbst, auch des nackten, sich sehnenden, begehrenden Menschen in seiner Erotik und Religion, das Sprechen aus emotionaler Berührung heraus, denn die Vernunft redet mit gespaltener Zunge. Es ist mir manches Vereinfachende unterlaufen, das auch in den lebhaften Diskussionen, welche diesen Vorträgen folgten, nicht ausgeräumt werden konnte. Ich nehme diese – an der Kompliziertheit unserer Geschichte und Verhältnisse gemessen – vereinfachende Darstellung in Kauf.

Die Radikalität, auf die ich gleichwohl nicht verzichten mochte, mag dem Moralisten als Teufelswerk, dem Theologen als wilde Exegese, dem Weltverbesserer als Lug, Trug und fauler Zauber erscheinen. Aber dem Berührungshungrigen und Heilungsbedürftigen bietet sie vielleicht gegenüber den beinahe zu Tode disziplinierten Leuten an, als Lebendiges wahrgenommen zu werden. Überlegungen zu Erotik und Religion müssen das Verhärtete in uns treffen, sozusagen die falsche Fassung, die wir um unser kostbares Innerstes gelegt haben, zu der wir uns gezwungen haben oder uns zwingen ließen. Der Zusammenhang von Spiel und Ernst, der in jeder erotischen Komödie wohnt (auch dieses Buch ist eine solche), ruft »Betrug« aus über die Vor- und Rücksichten, die den Christen jahrhundertelang als »Leben« verkauft worden sind. Ich habe versucht, die Einzelheiten dieses Sinnzusammenhangs zu benennen, Phantasie sprechen zu lassen, Raum zu schaffen für schöne und bittere Wahrheiten, Bewegung ins Eis zu bringen. Nur wenn dieses »privat« genug herausgekommen ist, wäre es für mich verbindlich genug. Ich weiß genau: Religion und Erotik haben die Kraft der Axt, das gefrorene Meer in uns zu spalten, um es mit FRANZ KAFKA zu sagen. So kann dieses Buch auch als Revitalisierung des archaischen Satzes von RILKE gelesen werden: »Du mußt dein Leben ändern.« Das wäre ein Akt der Liebe, Erkennen im biblischen Sinn, also der zeugenden Liebe zur sinnlichen Wahrheit. Nur in einer ungeheuren Weigerung aller Kräfte, welche die Abtrennung des Kopfs vom Gefühl, die Veruntreuung der ganzen Humanität nicht mitmachen wollen, ist die Liebe zu retten. Ohne ein moralisches Programm entwerfen zu wollen, sollten die Leserinnen und Leser doch so etwas spüren wie: »Du mußt dein Leben ändern«, oder: »Es könnte alles ganz anders sein.«

Diese Einladung zum Spiel ist für mich als Autor, der ich mir ein spielerisches Verhältnis zu meinem Leben abgewöhnt oder verboten habe, auch bitter, wie das Gefühl, das in erstarrte Hände zurückkehrt, Schmerz ist, bevor es Wärme werden kann. Die Schönheit der Erotik ist eine Provokation im Angesicht des Todes, und ihre Kraft richtet sich auch gegen das Respektable in uns, es weckt archaische Kräfte. Sie ist das Menschliche und Göttliche im Ausnahmezustand der Gnade, sie leuchtet nur dem, der sehend und empfindlich geblieben ist. Dieses Buch ist daher für mich nur ein schwacher Ersatz für versäumte Grazie im Leben, für den Anspruch auf ein ganzes Leben, das etwas von diesem Leuchten widerspiegeln könnte. Ich sage dies nicht, um mich zu entschuldigen – vor mir und vor anderen –, sondern um mir die Hoffnung noch einmal vorzusprechen. In diesem Sinn bin ich ein lernbereiter Analphabet des Liebens, auf dem Weg, die neue Sprache zu suchen, die diese Liebe verspricht, und ein Leben, das sich im Schreiben nicht mehr verstecken und verschweigen muß.

Ausgewählte Bibliographie

Literatur zum Thema Liebe

GÜNTHER ANDERS, Lieben gestern. Notizen zur Geschichte des Fühlens, München 1986.

PHILIPPE ARIÈS / ANDRÉ BÉJIN / MICHEL FOUCAULT, Die Masken des Begehrens und die Metamorphosen der Sinnlichkeit. Zur Geschichte der Sexualität im Abendland, Frankfurt 1982.

INGEBORG BACHMANN, Malina. Roman, Frankfurt 1972.

GEORGES DUBY, Ritter, Frau und Priester. Die Ehe im feudalen Frankreich, Frankfurt 1985.

PETER GAY, Erziehung der Sinne. Sexualität im bürgerlichen Zeitalter, München 1986.

PETER GAY, Die zarte Leidenschaft. Liebe im bürgerlichen Zeitalter, München 1987.

STEFAN HARDT, Tod und Eros beim Essen, Frankfurt 1987.

HARTMUT VON HENTIG, Pfaff, der Kater oder Wenn wir lieben. Erzählung, München / Wien 1978.

SUDHIR KAKAR / JOHN ROSS, Über die Liebe und die Abgründe des Gefühls, München 1986.

MICHAEL SCHRÖTER, »Wo zwei zusammenkommen in rechter Ehe«. Sozio- und psychogenetische Studien über Eheschließungsvorgänge vom 12. bis 15. Jahrhundert, Frankfurt 1985.

CORA STEPHAN, Ganz entspannt im Supermarkt. Liebe und Leben im ausgehenden 20. Jahrhundert, Berlin 1985.

JOHANNES THIELE (Hrsg.), Ehe. Das Buch vom Leben zu zweit, Stuttgart 1987.

CHRISTOPH WULF (Hrsg.), Lust und Liebe. Wandlungen der Sexualität, München / Zürich 1985.

Literatur zum Thema Religion und Erotik

GEORGES BATAILLE, Der heilige Eros, Darmstadt / Neuwied 1963.

GEORGES BATAILLE, Das obszöne Werk, Reinbek bei Hamburg 1972.

GEORGES BATAILLE, Die Tränen des Eros, München 1981.

HEINRICH BÖLL, Drei Tage im März (zusammen mit Christian Linder), Köln 1975.

ANDREW GREELEY, Erotische Kultur, Graz/Wien/Köln 1977.

ANDREW GREELEY, Sexualität. Fantasie und Festlichkeit, Graz/Wien/ Köln 1978.

HERBERT HAAG, Du hast mich verzaubert. Liebe und Sexualität in der Bibel, Zürich/Einsiedeln/Köln 1980.

HERBERT HAAG/KATHARINA ELLIGER, Stört nicht die Liebe. Die Diskriminierung der Sexualität – ein Verrat an der Bibel, Olten ²1986.

ROSEMARY HAUGHTON, Ist Gott ein Mann? in: Concilium 16 (1980) 266ff.

KURT MARTI, Das erotische Verhältnis des Schriftstellers zur Sprache, in: Grenzverkehr, Neukirchen-Vluyn 1976, 42–53.

KURT MARTI, Lachen Weinen Lieben. Ermutigungen zum Leben, Stuttgart 1985.

HANS-FRIEDEMANN RICHTER, Geschlechtlichkeit, Ehe und Familie im Alten Testament und seiner Umwelt, Frankfurt 1978.

WALTER SCHUBART, Religion und Eros, München 1966.

URS WINTER, Frau und Göttin. Exegetische und ikonographische Studien zum weiblichen Gottesbild im alten Israel und in dessen Umwelt, Fribourg/Göttingen 1983.

HANS WALTER WOLFF, Anthropologie des Alten Testaments, München 1973.

Literatur zum Buch Hosea

HELGARD BALZ-COCHOIS, Gomer. Der Höhenkult Israels im Selbstverständnis der Volksfrömmigkeit. Untersuchungen zu Hosea 4,1–5,7, Frankfurt 1982.

HELGARD BALZ-COCHOIS, Gomer oder die Macht der Astarte. Versuch einer feministischen Interpretation von Hosea 1–4, in: Evangelische Theologie 42 (1982) 1/2, 37–65.

JOACHIM JEREMIAS, Der Prophet Hosea. Altes Testament Deutsch, Band XXIV/1, Göttingen 1983.

BERNHARD LANG, Wie wird man Prophet in Israel? Aufsätze zum Alten Testament, Düsseldorf 1980.

D. SETEL, Prophets and Pornography. Female Sexual Imagery in Hosea, in: LETTY M. RUSSELL (Hrsg.), Feminist Interpretation of the Bible, Philadelphia 1985, 86–95.

GERHARD VON RAD, Die Botschaft der Propheten, München ³1977.

MARIE-THERES WACKER, Frau – Sexus – Macht. Eine feministischtheologische Relecture des Hoseabuches, in: Der Gott der Männer und die Frauen, Düsseldorf 1987, 101–125.

HANS WALTER WOLFF, Hosea. Dodekapropheton I. Biblischer Kommentar Altes Testament, Band XIV/1, 3. verb. Auflage Neukirchen-Vluyn 1976.

HANS WALTER WOLFF, Die Hochzeit der Hure. Hosea heute, München 1979.

Literatur zum Hohenlied

GILLIS GERLEMANN, Ruth. Hoheslied. Biblischer Kommentar Altes Testament, Band XVIII, Neukirchen-Vluyn 1965.

HELMUT GOLLWITZER, Das hohe Lied der Liebe, München 1978.

HERBERT HAAG/KATHARINA ELLIGER, Wenn er mich doch küßte. Das Hohe Lied der Liebe, Tübingen 1983.

OTHMAR KEEL, Deine Blicke sind Tauben. Zur Metaphorik des Hohen Liedes, Stuttgart 1984 (Lit.).

OSWALD LORETZ, Der erste »Sitz im Leben« des Hohenliedes, in: CHRISTEN FÜR DEN SOZIALISMUS (Hrsg.), Zur Rettung des Feuers, München 1981, 32–39.

UWE SEIDEL/WILL MC BRIDE, Das Hohe Lied. Liebesgedichte übertragen aus dem Alten Testament, Offenbach 1985.

WOLFGANG TEICHERT, Die Gärten der Liebe, in: Gärten. Paradiesische Kulturen, Stuttgart 1986.

Literatur zur Mystik

MARTIN BUBER (Hrsg.), Ekstatische Konfessionen, Leipzig 1923.

PETER DINZELBACHER, Über die Entdeckung der Liebe im Hochmittelalter, in: SAECULUM XXXII, Heft 2/1981, 185–208.

HERBERT GRUNDMANN, Religiöse Bewegungen im Mittelalter, Darmstadt 1977 (Nachdruck).

ALOIS M. HAAS, Mechthild von Magdeburg, Dichtung und Mystik, in: Sermo mysticus. Fribourg 1979, 67–103.

MECHTHILD VON MAGDEBURG, Das fließende Licht der Gottheit, eingeleitet von Margot Schmidt, herausgegeben von Hans Urs von Balthasar, Chur 1956.

CLAUDIA OPITZ (Hrsg.), Weiblichkeit oder Feminismus, Konstanz 1983.

DENIS DE ROUGEMONT, Die Liebe und das Abendland, Köln 1966.

ELISABETH SCHRAUT/CLAUDIA OPITZ, Frauen und Kunst im Mittelalter. Katalog zur Ausstellung, Braunschweig 1983.

SHULAMITH SHAHAR, Die Frau im Mittelalter, Königstein/Ts. 1981.

FRIEDRICH-WILHELM WENTZLAFF-EGGEBERT, Deutsche Mystik zwischen Mittelalter und Neuzeit, Berlin ³1969.

Literatur zur Theologie der Liebe

GEORGES CRESPY, Pour une théologie de la sexualité, in: Études théologiques et religieuses, Montpellier 1977, Heft 1, 65–125.

GOTTHARD FUCHS, Gott – nichts als Beziehungsreichtum, in: HEINZ ROTHBUCHER/FRANZ WURST (HRSG.), Zeig mir, wie das Leben geht. Internationale pädagogische Werktagung, Salzburg 1985, 135 – 146.

CARTER HEYWARD, Und sie rührte sein Kleid an. Eine feministische Theologie der Beziehung, Stuttgart 1986.

KURT MARTI, O Gott. Essays und Meditationen, Stuttgart 1987.

DIETMAR MIETH, Die Kunst, zärtlich zu sein. Wege zur Sensibilität, Freiburg 1982.

DOROTHEE SÖLLE, Die Hinreise. Zur religiösen Erfahrung, Stuttgart 1975.

DOROTHEE SÖLLE, lieben und arbeiten. Eine Theologie der Schöpfung, Stuttgart 1985.

DOROTHEE SÖLLE, Das Fenster der Verwundbarkeit. Theologisch-politische Texte, Stuttgart 1987.

FULBERT STEFFENSKY, Feier des Lebens. Spiritualität im Alltag, Stuttgart 1984.

Das Gedicht »Sekunde ohne Netz« von A. M. KLAUS MÜLLER wurde dem Buch »Das unbekannte Land. Konflikt-Fall Natur« mit freundlicher Genehmigung des Radius Verlags Stuttgart entnommen.